DU MÊME AUTEUR

Aux éditions Casterman

Un grand-père tombé du ciel

Prix du roman jeunesse 1996

Prix Sorcières 1998

Grand Prix des jeunes lecteurs de la PEEP 1998

Prix des Mange-livres de Carpentras 1999

Prix du premier roman de Châlons-sur-Marne 1999

Manon et Mamina

Prix jeunesse de la ville de la Garde 2000

Prix Chronos Suisse 2000

Quand Anna riait

Prix des écoliers de Rilleux-la-Pape 2001

Prix Tatoulu 2001

Prix du roman de Mantes-la-Jolie 2001

Prix de la ville de Lavelanet 2001

Le professeur de musique

Prix Chronos Suisse 2001

Prix Saint-Exupéry 2001

Prix Chronos Littérature de Jeunesse 2002

Un jour, un jules m'aimera

Prix Julie des lectrices 2002

Prix de Beaugency 2002

Lettres à Dolly

De l'autre côté du mur

Aux éditions Syros

Momo, petit prince des bleuets

Un arbre pour Marie

Ni d'Eve ni d'avant

Alex

Aux éditions Flammarion/Castor Poche

La promesse

De Sacha à Macha (avec Rachel Hausfater-Douïeb)

COMME LA VIE

Yaël Hassan

LE PROFESSEUR DE MUSIQUE

ILLUSTRÉ PAR Serge Bloch

casterman

ROMANS

1

Tous les ans, c'était la même histoire. Dès l'approche de la rentrée des classes, Simon se mettait à déprimer, perdait l'appétit et se gâchait ainsi les derniers jours de vacances que Bella et lui passaient chaque année dans leur maison de campagne. Finies les longues promenades dans les bois et la cueillette des mûres au bord des chemins, finis les pique-niques, les parties de pêche, les virées à vélo, et les baignades dans la rivière. Finies les longues siestes tranquilles sous les lourdes grappes de glycines odorantes accrochées à la pergola. Fini tout cela. Dès que la date fatidique approchait, Simon se refermait comme une huître. Et Bella, malgré ses efforts, était alors incapable de le dérider. Il traînait son vague à l'âme comme le bagnard traîne son boulet, la mine sombre, le front plissé et le dos voûté. Et cet air renfrogné n'avait alors plus rien à voir avec celui si lumineux et si plein de vie qu'il affichait dès le mois de juin, alors que s'annonçaient enfin les deux longs mois de vacances d'été. Bella bouclait silencieusement les valises tandis que Simon, que plus rien n'intéressait, faisait les cent pas en maudissant le temps si vite passé.

Quand en septembre le jour J se levait, Simon était pris de terribles crampes à l'estomac. Lui, d'ordinaire si gourmand, et qui pour rien au monde ne se serait privé de l'un des somptueux petits déjeuners préparés par Bella, était alors incapable d'avaler quoi que ce soit. En soupirant, Bella lui glissait un en-cas dans son cartable et lui disait :

— Tu le mangeras. C'est promis ?

— Promis, répondait-il la gorge serrée contemplant son chocolat qui refroidissait.

— Bois au moins ton jus d'orange ! insistait Bella. C'est plein de vitamines, tu en auras besoin pour l'école !

Mais Simon hochait la tête, l'estomac noué.

— Bon, il faut y aller ! lui disait-elle, tout doucement, en lui apportant son imper et son cartable.

Et Simon hochait encore la tête sans bouger pour autant.

— Allez, Simon, tu vas être en retard ! grondait Bella.

Simon se levait enfin, la tête basse et l'œil triste. Elle lui déposait un baiser sur le front, lui murmurait à l'oreille quelques paroles d'encouragement et de réconfort qu'il entendait à peine, et l'accompagnait jusqu'à la porte. Elle restait là, le regardant s'éloigner la démarche pesante, jusqu'à ce qu'il disparaisse à l'angle de la rue.

Simon faisait toujours le chemin à pied. Le collège n'était pas très loin de chez lui et il aimait marcher. Cela lui faisait du bien.

Cette année-là, la fin de l'été avait été pluvieuse et le fond de l'air sentait déjà l'automne. Mais Simon, d'ordinaire si attentif à la nature, si sensible aux odeurs de la terre, aux couleurs des arbres et aux chants des oiseaux, marchait sans prêter la moindre attention à ce qui l'entourait, tentant seulement de faire taire les gargouillis émis par son ventre noué. De temps en temps, il était dépassé par des grappes d'enfants rieurs, heureux de retrouver le chemin de l'école et les copains, après deux longs mois de vacances. Au fur et à mesure qu'il approchait du collège, Simon ralentissait le pas. Dieu qu'il détestait l'idée même d'avoir encore ce chemin à faire toute une année durant ! Et comme l'épreuve de cette rentrée des classes lui semblait insurmontable ! De par sa très longue expérience, Simon savait combien ce jour est décisif. Les premiers instants ressemblent à ceux qui précèdent un combat, élèves et professeur se jaugeant mutuellement, pesant les faiblesses et les points forts de l'adversaire. C'était comme ça et Simon n'y pouvait rien. Sa peur à lui était si visible que même des enfants de onze ans la palpaient à vue d'œil.

Et cela durait depuis tant et tant d'années.

Pour sa toute dernière année d'enseignement, Simon avait toutefois pris une ferme résolution : il ne se laisserait plus marcher sur les pieds. Il ferait preuve d'autorité. Oui, d'autorité ! avait-il répété plusieurs fois tout au long du chemin. Ils allaient voir ces garnements de quel bois il se chauffait, le vieux professeur de musique !

« Allez, Simon, courage ! lui avait dit Bella. Pense aux merveilleux moments que nous vivrons ensemble quand tu seras à la retraite ! »

Bella avait raison. Plus qu'un an et ensuite : vive la liberté !

Il essaya de se détendre un peu, respira profondément plusieurs fois de suite, toussota pour se faire une voix bien claire et aussi ferme que possible, redressa la tête et c'est ainsi, fier et digne, qu'il franchit ce jour-là les grilles du collège, parce qu'il n'y aurait plus jamais pour lui d'autre jour semblable, d'autre rentrée des classes.

À la vue des élèves, il fut pourtant tenté de faire marche arrière, de prendre ses jambes à son cou et de retourner à la maison. Mais il se maîtrisa. Simon traversa la cour en regardant droit devant lui. Un silence soudain se fit. Et les groupes se défirent pour laisser passer le professeur. Les cinquièmes qui l'avaient eu l'année précédente se demandèrent s'il s'agissait bien là de monsieur Klein, le prof de musique. Simon avait réglé la cadence de ses pas sur la petite musique qu'il venait de composer sur le mot autorité. Au-to-ri-té. Au-to-ri-té. Un, deux, trois, quatre. Un, deux, trois, quatre. C'est ainsi qu'il rejoignit ses collègues. Ceux qui le connaissaient déjà l'accueillirent par d'affectueux sourires. Les autres le saluèrent en se présentant.

— Simon. Simon Klein, bougonna-t-il. Je suis le professeur de musique.

Pour sa toute dernière année d'enseignement, sa classe principale allait être une sixième de bon niveau, qui ne devait pas lui donner trop de difficultés. Avec les sixièmes, il arrivait encore à s'en sortir. C'était surtout les grands, les quatrièmes et les troisièmes, qui lui donnaient du fil à retordre. Il avait pourtant essayé de leur transmettre un minimum de bases musicales. En vain. Ces gosses-là ne connaissaient et n'aimaient rien d'autre que le rap, le funk, le hip-hop ou, pire encore, la techno, monstrueuse cacophonie !

« Et ils appellent ça de la musique ! » se plaignait souvent Simon, découragé.

11

Simon ne s'opposait nullement à l'étude de toutes les formes de musique, mais alors, pendant ses cours, c'était le chahut. Les gosses montaient sur les tables et se mettaient à danser en chantant et imitant les groupes qu'ils vénéraient. Et Simon, debout devant la fenêtre, attendait la fin de l'heure, la fin du cours, la fin du calvaire, la sonnerie, la délivrance !...

Les enfants s'étaient regroupés autour du principal qui procédait à l'appel et à la formation des classes. Il n'y avait encore que les sixièmes et les cinquièmes. Les autres rentraient l'après-midi. Simon observait les gamins de sa classe qui s'étaient mis en rang en deux files indiennes, juste devant lui. Tête haute, il avait accroché à son visage une mine sévère. Pourtant, il n'en menait pas large. D'un doigt, il leur fit signe de le suivre. Le groupe s'ébranla, silencieux, impressionné. Normal, en sixième on est toujours impressionné au début ! Au-to-ri-té. Au-to-ri-té, martelait encore une petite voix dans sa tête.

2

« SIMON KLEIN », écrivit-il au tableau tandis que les enfants s'installaient.

— Je suis votre professeur de musique et votre professeur principal, leur dit-il tentant d'empêcher sa voix de trembler. Je vais procéder à l'appel. Vous répondrez présent, si vous êtes présent, et absent, si vous êtes absent.

Un éclat de rire général salua ses propos. On peut être autoritaire et avoir un peu d'humour, pensa Simon qui en faisait si peu preuve d'ordinaire. C'est bon signe, se dit-il, tout fier de lui. Mais les rires se prolongèrent un peu trop à son goût.

— Silence ! Je veux de la discipline, vous entendez ? De la dis-ci-pli-ne ! La musique s'écoute dans le silence et les yeux fermés. Elle ne supporte pas le bruit, la musique. Nous en écouterons beaucoup. Toute sorte de musique. Classique, moderne, rock, occidentale, orientale, africaine, américaine, enfin tout ce que je considère comme étant de la musique. Nous en ferons également. De la flûte, principalement. Mais s'il y en a parmi vous qui jouent déjà d'un instrument, nous pourrons former un petit groupe musical. On pourrait même envisager de monter une chorale ! Je suis ouvert à toutes vos suggestions. Voilà ! conclut Simon, surpris d'avoir tenu un si long discours d'une seule traite et sans être interrompu par des rires et des ricanements. Simon regardait les élèves et les élèves regardaient Simon. Il reconnut quelques redoublants qui l'observaient à la dérobée. « C'est pas possible, on nous l'a changé pendant les vacances ! » semblaient-ils dire. Il prit alors le registre et commença l'appel.

— Benjamin Adeline, Émilie Ballard, Antonio Balluci, Mathieu Bonnel...

« Présent, présente », répondaient les enfants.

— Malik Choukri ?

— Présent, m'sieur ! fit une voix fluette.

Simon frémit. La famille Choukri, il la connaissait bien. Il en avait eu tous les gamins, les uns après les autres, année après année. Il regarda l'enfant qui lui souriait.

— Tu es le petit frère de...

— Oui, m'sieur, répondit Malik visiblement habitué à la renommée de ses aînés. Mais j'suis le dernier et le plus sage, j'vous jure !

Simon fit une croix rouge à côté de son nom, ce qui voulait dire « à surveiller de très près ». Celui-là, il l'aurait à l'œil. Cela faisait trop longtemps que cette famille Choukri lui empoisonnait l'existence. Elle n'en finissait pas, la famille Choukri. Il y en avait dans toutes les classes, de la sixième à la troisième, tous plus insupportables les uns que les autres. Et voilà que pour sa dernière année d'enseignement, on lui offrait en prime un dernier petit Choukri. Comme si les précédents ne lui avaient pas suffi. Des gamins difficiles, il en avait eu au cours de sa carrière, mais des comme ceux-là, non, jamais !

Simon poursuivit l'appel. Il reconnut encore quelques noms, çà et là, mais il n'en avait gardé qu'un vague souvenir et ne s'y attarda donc pas. Après la liste des fournitures et les formalités habituelles, Simon demanda à tous de lui faire une petite fiche personnelle et d'y indiquer, le cas échéant, s'ils jouaient d'un instrument quelconque, ainsi que leurs goûts et envies en matière de musique.

— Eh, m'sieur ! Eh m'sieur ! l'interpella un rouquin du fond de la classe, les nerfs, c'est un instrument de musique ?

— Je ne comprends pas ta question, mon garçon. Que veux-tu dire ?

— Eh bien, ma *reume*, elle dit toujours que je joue avec ses nerfs !

— Et la mienne, que je lui tape sur le système ! enchaîna une fillette brune.

Les rires fusèrent à nouveau.

— C'est comment ton nom ? demanda Simon au premier.

— Mathieu Bonnel, m'sieur ! répondit-il, rigolard.

— Et moi c'est Mélissa, m'sieur ! lança la demoiselle un tantinet effrontée.

Aussitôt, toute la classe se mit à chanter en chœur :

« Mélissa, métisse d'Ibiza... »

Simon écouta. Il décela quelques très jolies voix. Certains enfants tapaient dans leurs mains, d'autres sur les tables et l'ensemble se révéla harmonieux et bien rythmé.

Quand le silence fut revenu, Simon lut aux élèves le règlement du collège et leur fit recopier leur emploi du temps. L'heure passa vite. Il n'y eut ni chahut, ni rires excessifs, ni débordements. C'était de toute évidence une bonne classe. Le principal avait tenu sa promesse. Il y avait bien quelques gamins plus turbulents que d'autres, mais, pour la toute première fois, Simon se dit qu'il pourrait faire quelque chose de bien avec ces gosses-là. Quand la sonnerie retentit, ils se ruèrent vers la sortie. Simon rangea ses affaires dans son cartable et gagna la salle des professeurs, songeur. Une vague idée lui était venue à l'esprit. Surgie d'où ? Soufflée par qui ?

— Alors, pas trop terrorisé le Simon ? lui lança Gaillot, le prof de gym. Faudrait pas que tu nous fasses une petite déprime, cette année ! C'est ta dernière, tout de même !

Simon haussa les épaules et ne répondit pas. Il s'installa en bout de table et sortit de son cartable son sandwich. Il avait faim, à présent.

— C'est pas vrai qu'elle te prépare encore ton casse-croûte, ta femme ! À ton âge ! lui décocha encore Gaillot.

— Seriez-vous jaloux ? demanda alors une voix que Simon n'identifia pas.

Il lui fallut chausser ses lunettes avant de lui donner un visage. Elle était jeune, mignonne et narguait visiblement cet imbécile de Gaillot.

— Jaloux, moi ! Non, mais regardez-le ! Trente-cinq ans de métier et une peur bleue de gamins hauts comme trois pommes !

L'arrivée du principal interrompit l'échange qui tournait au vinaigre.

— Alors Simon, comment s'est passé ce premier contact avec votre classe ? Êtes-vous satisfait ? lui demanda-t-il.

18

— Oui, je crois que je le suis. La classe semble sympathique et je n'y ai pas repéré de gros perturbateurs. Même le petit Choukri m'a paru bien plus facile que ses frères et sœurs. Je pense pouvoir faire du bon travail cette année.

— Mieux vaut tard que jamais ! ricana Gaillot.

— Monsieur Gaillot, épargnez-nous votre humour pour ce premier jour, de grâce ! cingla le principal.

Gaillot, vexé d'avoir été ainsi pris à partie devant des dames, sortit en haussant les épaules.

— Désolé, Simon. Mais nous ne le changerons pas, vous savez bien.

— Laissez donc ! J'ai l'habitude. C'est un grossier personnage et ses moqueries ne m'atteignent pas. Et pour en revenir à ma classe, je vous remercie, vraiment.

Au son de la sonnerie, les différents professeurs retournèrent chacun vers leur classe. Simon resta seul avec la jeune femme qui avait rabroué Gaillot.

— Simon Klein, professeur de musique, lui fit-il en lui tendant la main. Je n'attache guère d'importance aux quolibets de ce monsieur, mais merci tout de même d'avoir pris ma défense. C'était courageux de votre part.

— Sylvie Dufau, lui répondit-elle en souriant. Enchantée. Rien ne l'autorisait à vous parler de la sorte. Excusez-moi de m'en être mêlée mais je suis très impulsive et je n'aime pas que l'on manque de respect à...

19

Se rendant compte de sa maladresse, Sylvie Dufau se tut, gênée.

— À une personne âgée, c'est ça ? compléta Simon en souriant. Allons, ne soyez pas embarrassée et appelons un chat un chat. Je pourrais être votre grand-père, je crois. Et je suis bel et bien un vieux monsieur.

— Je suis prof d'histoire, reprit alors Sylvie. C'est ma première année et j'avoue que j'ai un peu peur.

— Je vous comprends. Moi ça fait bientôt trente-cinq ans que j'enseigne, et le trac, je connais ça par cœur, hélas. Non, on ne peut pas dire que ce soit une sinécure que ce métier-là. Mais je suis sûr que vous vous en sortirez bien. Bien mieux que moi, en tout cas. Vous n'avez pas l'air de vous laisser marcher sur les pieds et vous avez du caractère. Et c'est ce qu'il faut. Il faut vous imposer dès le début, dès le premier regard que vous échangerez avec eux. Sinon, c'est fichu. Mais je crois que cela ne s'apprend pas vraiment, l'autorité. C'est quelque chose de naturel. On l'a ou on ne l'a pas. Mais pour moi, c'est fini. J'entame, et j'en suis fort aise, ma dernière année. Bienvenue au collège, mademoiselle, et bon courage ! C'est sans doute un beau métier pour qui sait s'y prendre. Oui, un beau métier, si on y met un peu de passion. Moi, je n'ai jamais su... La voix de Simon trembla légèrement. C'était la toute première fois qu'il confiait son amertume à un collègue. Et il fallait que cela tombe sur une enseignante débutante, encore enthousiaste et emplie d'illusions.

Quel imbécile, je fais ! pensa Simon en quittant la salle des profs, Sylvie sur ses talons. Ce n'est pas très malin de ma part de lui noircir ainsi le tableau.

Arrivés à la grille, elle tendit sa main au vieux professeur qui la serra chaleureusement.

— À demain, monsieur Klein, lui fit-elle gentiment.

Il pleuvait. Simon releva le col de son imper et, d'un pas pressé, et bien plus léger qu'à l'aller, prit le chemin du retour.

Anxieuse, Bella l'attendait le nez collé à la vitre. Le voyant arriver, elle se précipita au salon, agrippa son tricot, chaussa ses lunettes et fit mine d'être plongée dans son ouvrage.

— Alors ? lui fit-elle, d'une voix neutre, malgré sa grande impatience.

Elle lui trouva l'air plutôt gai.

— Alors quoi ? lui répondit-il moqueur.

— C'était comment ?

— Bien, très bien. J'ai une petite collègue ravissante et gentille comme tout.

— Mais je me fiche de tes collègues ! Ce sont les enfants qui m'intéressent, moi ! Comment cela s'est passé avec eux ?

— J'ai le dernier Choukri, figure-toi !
— Mon Dieu ! soupira Bella. Il ne te manquait plus que ça !

3

Après le déjeuner, tandis que Bella, assise près de la fenêtre, prenait son tricot, Simon mit sur sa platine un CD de l'un de ses compositeurs préférés, et s'installa à son bureau situé dans un des angles du salon. De son cartable, il sortit son cahier contenant les fiches rédigées par les élèves de « sa » classe. Il les classa par ordre alphabétique, puis se mit à les lire, une par une, attentivement. Les premières se révélèrent sans intérêt particulier. Les enfants citaient les noms des groupes à la mode, et les rythmes qu'ils aimaient. Tout cela était sans surprise, même si les noms cités ne lui évoquaient strictement rien. Cela faisait longtemps que Simon avait perdu pied. Arrivé à la fiche de Malik Choukri, Simon marqua une certaine surprise. Il ôta ses lunettes, se frotta les yeux à l'aide de son mouchoir, puis reprit la fiche qu'il relut attentivement.

— Quelque chose ne va pas Simon ? s'inquiéta Bella.

— C'est sidérant ! Vraiment sidérant !

— Quoi donc ?

— Écoute bien la fiche que je vais te lire ! « J'aime beaucoup la musique. Je pourrais même en écouter toute la journée. J'aime bien la musique classique. Le *Casse-Noisette* de Tchaïkovski, l'*Adagio* de Tomaso Albinoni et les *Canons* de Johann Pachelbel font partie de mes préférés. Mais j'aime bien aussi Bach, Liszt, Mozart et Schubert. Dès que je peux, je vais à la médiathèque, je choisis mes disques, je m'installe dans un des grands fauteuils, je mets le casque sur les oreilles, je ferme les yeux et je reste là pendant des heures. C'est vrai ce que vous avez dit : la musique est plus belle les yeux fermés. Mon rêve, c'est de pouvoir jouer du violon, un jour. Je connais déjà un peu le solfège. J'ai trouvé des livres qui expliquent. C'est compliqué pour moi, mais avec vos cours je suis sûr que je comprendrai mieux. Mais j'aimerais que vous lisiez pas ma fiche devant toute la classe et que tout ça reste secret, s'il vous plaît. »

— Ça alors ! s'écria Bella lorsque Simon lui eut terminé sa lecture. On ne te l'avait jamais faite, celle-là ! Comme quoi, tout arrive dans une carrière !

— Et tu ne devineras jamais de qui il s'agit !

— Je crois bien que j'ai ma petite idée sur le sujet. Ne s'appellerait-il pas Choukri par hasard ?

— En plein dans le mille, Bella ! Tu ne trouves pas ça étrange ?

— Quoi donc ? Que ce gamin manifeste une passion pour la musique ? Non, je ne trouve pas que ce soit une chose exceptionnelle. Il n'est pas le seul, tout de même !

— D'accord ! Mais lui, Bella ! Connaissant le milieu dans lequel il vit, connaissant son entourage, c'est quand même bizarre, non ?

— Le connais-tu vraiment, Simon, son milieu, son entourage ? Y as-tu seulement déjà mis les pieds, là-haut ?

— Non, mais je connais ses frères et sœurs, et cela m'a grandement suffi.

— Et alors ? Ne peut-il être différent de ses frères et sœurs ? Ne peut-il avoir des goûts différents de ceux de sa famille ? Je ne vois pas ce qui te dérange dans le fait que cet enfant soit mélomane. Tu devrais être content depuis le temps que tu le cherches, ton petit prodige !

— Oui, mais ne dit-on pas que les chiens ne font pas des chats et que la pomme ne tombe jamais loin de l'arbre ? Je n'y crois pas moi, à ce qu'il me chante. Je suis sûr qu'il s'agit d'un canular.

— Oh, Simon, Simon ! Comme je n'aime pas ce langage-là. Ce sont d'horribles préjugés que tu affiches, c'est de la discrimination pure et simple ! s'enflamma alors la douce Bella. Et tu es plutôt mal placé pour afficher cet état d'esprit, non ? La discrimination, tu sais pourtant fort bien ce qu'elle signifie ? Ce gamin a onze ans ! Comment veux-tu qu'il connaisse les compositeurs qu'il cite s'il ne s'y est pas vraiment intéressé ? Ce qu'il te reste à faire maintenant, c'est de t'occuper de lui. Je suis sûre qu'il mérite ton attention.

Simon secoua la tête.

— En attendant, moi, j'entame ma toute dernière année d'enseignement et je tiens à ce qu'elle se déroule au mieux, dans la sérénité et la paix. Et qu'elle se termine le plus rapidement possible. Ce gamin apprendra ce que j'enseignerai à toute la classe, un point c'est tout.

— À ta guise, Simon ! De toute manière, tu n'en fais jamais qu'à ta tête. Mais permets-moi de te dire que la fiche de ce petit est un appel ; mieux, un commandement. Tu devrais y réfléchir.

Simon resta pensif. Bella avait beau se mettre en colère, monter sur ses grands chevaux, on ne lui faisait pas si facilement prendre des vessies pour des lanternes et il avait bien du mal à croire à la sincérité du gosse. Un gamin comme celui-là, il l'avait certes attendu tout au long de sa carrière. En trouver un, seulement un pour effacer cette immense impression de gâchis qu'il portait depuis trente-cinq ans sur ses épaules comme le plus lourd des fardeaux. Mais ce n'était pas sous les traits d'un Choukri qu'il se l'était imaginé. Et honnêtement, n'était-ce d'ailleurs pas cela qui le chiffonnait ? Que celui qu'il attendait, par la plus grande ironie du sort, fût Malik Choukri ? Simon soupira. Si tel était le cas... Mais mieux valait être prudent. Ne pas s'emballer surtout. Attendre et voir venir. Fidèle à cette devise, Simon décida de s'assurer d'abord de la sincérité de Malik. Il vérifierait, à l'occasion, s'il fréquentait bien la médiathèque, ainsi qu'il le prétendait. Mais tout cela n'était pas urgent. Ce qui semblait urgent, pour l'instant, c'était d'effacer la colère de Bella.

— Écoute, il ne manquerait plus que nous nous disputions à cause d'un élève, tout de même ! Crois-tu qu'ils ne me suffisent pas au collège ? Je n'ai pas la moindre envie de les laisser en plus semer la zizanie chez moi. Allons, cesse donc de me faire la tête. Tu sais que je ne le supporte pas. Alors, fais-moi un sourire, je te prie, et en contrepartie je te promets de me pencher sur le cas de ce gamin, de voir ce qu'il a vraiment dans le ventre. Et si je me rends compte que tout cela n'est pas du pipeau, je verrai ce que je peux faire pour lui. Voilà, tu es contente ?

Bella se dérida. Elle avait entendu ce qu'elle voulait

entendre. Et elle savait que Simon tenait toujours ses promesses.

C'est ainsi qu'un jeudi d'octobre, voyant Simon endosser son imper l'air tout guilleret, Bella lui demanda :

— Mais où vas-tu, ainsi ?

— Me dégourdir les jambes, répondit Simon, un sourire angélique sur les lèvres.

— Tout seul ? Sans me proposer de t'accompagner ?

— C'est que j'ai un rendez-vous, fit Simon très sérieux.

— Un rendez-vous ? Avec qui ?

— Je plaisante, voyons. Avec qui pourrais-je avoir rendez-vous ? Tu te souviens du petit Choukri, je suppose ? la taquina Simon.

Bella essaya de rester impassible. Volontairement, elle n'avait pas abordé ce sujet avec Simon depuis le jour de la rentrée. Mais elle attendait, impatiente, qu'il lui en parle. Et les jours, puis les semaines avaient passé sans qu'il y fasse la moindre allusion. Bella avait fini par croire que Simon avait raison. Que le gamin n'avait pas donné suite et que tout cela n'était donc pas bien sérieux.

— Bien sûr que je m'en souviens ! répondit-elle d'un ton qu'elle voulut le plus évasif possible.

28

— Alors, tu n'as probablement pas oublié que je t'avais promis de vérifier la sincérité du gamin ? C'est ce que j'ai fait. Je l'ai observé, interrogé à chacun de mes cours et...

— Et ? fit Bella qui s'impatientait.

— Eh bien, tu avais raison !

Et Simon s'esclaffa avant de poursuivre.

— Oui, Bella, aussi bizarre que cela puisse paraître, ce gamin-là est un vrai passionné, et déjà un assez bon connaisseur, qui plus est. Car il en connaît un rayon, en musique. Enfin, il connaît bien sûr, ce que tout le monde connaît, et donc pas le meilleur. Mais ça, c'est une autre histoire. Alors, j'ai décidé de me pencher sur son cas, comme je te l'avais promis. Et c'est du côté de la médiathèque que je me sens subitement attiré. Avec un peu de chance, je pourrai peut-être y décrocher quelques autres renseignements utiles sur notre petit bonhomme.

Bella sourit. Elle ne s'était donc pas trompée. Simon s'était bel et bien intéressé au petit Choukri, ainsi qu'il le lui avait promis. Mais sans précipitation, de manière réfléchie, comme tout ce qu'il entreprenait. Et cela valait sans doute mieux. Car il avait pris le temps nécessaire pour détecter les dispositions de l'enfant. C'était donc sur une piste sûre qu'il s'engageait à présent. Et Bella savait que désormais, son mari irait au bout de cet engagement. C'était d'ailleurs si visible dans ses yeux, à cet instant précis, avec cette lueur de bonheur qui s'était mise à y briller, cette lueur qu'elle connaissait bien, la lueur des mois de juin et des fins d'année scolaire.

La pluie qui tombait sans discontinuer depuis plusieurs jours s'était arrêtée et le soleil, aidé par une légère brise, s'efforçait de percer les quelques gros nuages noirs qui traînaient encore, de-ci de-là. Simon, en sifflotant, prit la direction du centre. Joyeux, il évitait les flaques d'eau en zigzaguant sur le trottoir irisé de petites taches couleur arc-en-ciel. Madame Laval qui, cachée derrière ses rideaux tirés, épiait à longueur de temps toutes les allées et venues de la rue, s'indigna.

— Mais il est ivre, ma parole ! confia-t-elle à son vieux chat Tougris qui, peu intéressé par la nouvelle, continua sa sieste.

4

Arrivé à la médiathèque, Simon gagna immédiatement le deuxième étage, celui de la musique. Il y avait peu de monde. Ce milieu d'après-midi de semaine n'était pas une heure de grande affluence. Simon jeta un coup d'œil autour de lui puis se dirigea vers l'employé visiblement désœuvré.

— Excusez-moi, monsieur, je suis professeur de musique au collège et j'avais pensé organiser une petite visite de la médiathèque avec mes élèves, prétexta-t-il pour engager la conversation.

— Sans problème ! Il suffit que vous vous inscriviez sur la liste et nous vous ferons part des dates disponibles.

— Très bien, très bien, fit Simon content de son idée mais ne sachant comment aborder le sujet qui le préoccupait vraiment.

— Autre chose, monsieur ? demanda l'employé qui semblait enclin à faire la conversation.

— Euh… Rien de particulier. Vous voyez beaucoup d'enfants, ici ?

— Oui, quelques-uns ! Surtout des petits, en fait, qui viennent avec leur maman pour emprunter les disques de contes et d'histoires. Mais nous avons une majorité d'adultes.

— Et en avez-vous qui s'intéressent à la musique classique ?

— Des enfants ? Très peu. Je pourrais même les compter sur les doigts d'une seule de mes mains. J'en ai un, surtout. Un régulier. Un bon client, même, si je puis m'exprimer ainsi. Mais il n'emprunte jamais les disques. Il vient juste les écouter sur place. Presque tous les jours, vers cinq heures, je le vois arriver. Et ça fait des mois que ça dure. La première fois, il n'avait pas l'air de savoir ce qu'il voulait au juste. Tout ce qu'il disait c'était qu'il voulait écouter de la musique. Alors, au début, je l'ai guidé un peu, mais ce n'est pas évident. Je peux vous le présenter, si ça vous intéresse, il est là justement, il choisit ses disques.

— C'est bien gentil à vous mais, je le connais déjà, ce petit bonhomme. C'est Malik Choukri, n'est-ce pas ?

— Oui ! s'écria l'employé.

— Je suis son professeur principal. Si vous le permettez, je vais écouter quelques disques en l'attendant à côté.

Simon se choisit un CD qu'il mit sur la platine et, après s'être confortablement installé dans un des larges fauteuils de l'auditorium, posa les écouteurs sur ses oreilles et ferma les yeux. La musique le transporta immédiatement et, tandis que son pied droit battait la mesure, il suivait de la main gauche, tel un chef d'orchestre, chacun des mouvements de la symphonie. Ainsi, il ne remarqua pas Malik qui était resté en arrêt en voyant son professeur de musique.

C'était la toute première fois qu'il le rencontrait à la médiathèque. Il voulut le saluer, mais il n'osa pas le déranger. Il ôta son blouson, consulta les quelques disques qu'il s'était pris et, après avoir choisi l'un d'entre eux, s'enfonça dans un fauteuil et se laissa lui aussi emporter par les accents de la *Symphonie inachevée* de Schubert.

Quand Simon rouvrit enfin les yeux, charmé par ce qu'il venait d'entendre pour la énième fois, il eut un léger mouvement de surprise en découvrant la présence de Malik. Il avait failli l'oublier, celui-là, alors que c'était pour lui qu'il était venu. Il se leva pour remettre à sa place le disque emprunté puis revint auprès de son élève et jeta un œil sur la pochette vide posée sur ses genoux. Du Schubert, remarqua Simon, pas mauvais choix ! Il observa alors le gamin.

Les yeux fermés, un sourire accroché à ses lèvres, Malik fredonnait en dodelinant de la tête. Son visage trahissait un immense bonheur. Ce n'est pas du cinéma, se dit alors Simon, ce gosse-là aime réellement la musique !

Quand Malik ôta ses écouteurs, il mit quelques instants à sortir de la musique et reprendre ses esprits. Voyant Simon qui l'observait, il sursauta et laissa tomber les pochettes de ses genoux. Tout compte fait, il était assez content de cette rencontre qu'il pensait tout à fait fortuite. Il avait à plusieurs reprises essayé de voir son professeur en tête à tête mais celui-ci semblait ne pas avoir vraiment envie de lui consacrer un peu de son temps. Quand il avait enfin son professeur pour lui tout seul, les mots lui échappaient, et toutes ces phrases qu'il avait si bien préparées s'embrouillaient dans son esprit.

Simon, quant à lui, ne semblait guère plus à l'aise que son élève.

C'est finalement Malik qui prit la parole le premier.

— Bonjour, m'sieur ! Vous venez souvent ici ? Je vous ai jamais vu !

— Non, pas très souvent, Malik. Je préfère écouter la musique chez moi, dans mon salon, ou alors dans une salle de concert, c'est encore mieux ! As-tu déjà assisté à un concert ?

34

— Un concert en vrai ?

— Oui, un concert en vrai, dans une vraie salle de concert avec des musiciens qui jouent devant toi.

— Oh non, m'sieur !

— Il faudrait que l'on organise ça, alors, fit Simon en sortant un calepin de sa poche où il griffonna quelques mots.

Il poursuivit :

— Mais j'avoue que cet endroit est tout à fait indiqué. Toutefois, si le cœur t'en dit, tu peux aussi passer chez moi, à l'occasion. Je ne connais personne qui fasse mieux le chocolat chaud que Bella ! Je pourrais alors te faire connaître d'autres musiques, te faire découvrir de véritables trésors, des œuvres pratiquement ignorées du grand public.

Simon n'attendit pas la réponse de son élève. Satisfait par ce qu'il avait appris et vu, il prit congé de Malik et tourna les talons, pressé d'aller raconter à Bella sa rencontre avec le petit.

Malik, lui, était loin d'éprouver la même satisfaction que son professeur. Il resta là, à le regarder s'éloigner, avec l'impression que s'il ne réagissait pas tout de suite, cette occasion de parler avec lui, de lui confier ses rêves en matière de musique ne se représenterait plus jamais.

36

— C'est d'accord ! lança-t-il alors à l'intention de Simon tout en pressant le pas pour le rattraper, celui-ci ayant déjà atteint la sortie.

— Comment ? fit Simon en se retournant. Qu'est-ce qui est d'accord, mon petit ?

— L'invitation ! C'est d'accord. Je n'ai rien de prévu, là, alors autant que je vienne chez vous tout de suite.

Simon resta interloqué par la tournure que prenaient les événements. Il n'avait absolument pas imaginé que Malik accepterait réellement son invitation, du moins pas dans l'immédiat, tout de suite.

Il était bien embarrassé, soudain. Et que dirait Bella ? Mais il y avait tant d'espoir dans le regard du petit, tant d'attente...

— Soit ! lança-t-il donc. Allons-y ! Suis-moi, jeune homme !

— C'est qui Bella, m'sieur ? lui demanda Malik en lui emboîtant le pas.

— C'est mon épouse, mon garçon.

— Et qu'est-ce qu'on va faire chez vous, exactement, m'sieur ?

C'est qu'il n'avait jamais mis les pieds chez un prof, lui. Et ça l'impressionnait fortement.

— Bavarder, et écouter de la musique, bien sûr ! Sans parler du délicieux chocolat que nous préparera Bella.

Arrivé dans le quartier résidentiel de la ville, où il ne

37

se souvenait pas avoir déjà mis les pieds, Malik, vivement impressionné, s'approcha au plus près de Simon pour marcher à ses côtés.

À sa fenêtre, ce fut une bouffée d'indignation que madame Laval sentit lui monter au visage.

— Mais c'est quoi ce rastaquouère qu'il emmène chez lui, le Simon Klein ? bougonna-t-elle à l'intention de Tougris qui, dérangé en pleine somnolence, poussa un miaulement mécontent.

5

Bella fut étonnée, bien sûr, que Simon invitât déjà son élève à la maison, alors qu'il s'en défiait tant il y a peu. Surtout que jamais Simon n'invitait qui que ce soit, chez eux. Ni collègues, ni élèves. Alors, soit ce gamin l'a réellement subjugué, se dit-elle, soit c'est le petit qui s'est invité lui-même. Et si c'est le cas, chapeau ! Cela prouve qu'il a de la suite dans les idées et qu'il sait très bien manœuvrer pour parvenir à ses fins.

Malik n'avait jamais rien bu d'aussi bon que ce chocolat chaud. Lorsqu'il eut terminé son bol, il se pourlécha la fine moustache de chocolat qui décorait sa lèvre supérieure. Puis, il jeta un œil autour de lui. La cuisine était grande, claire et ensoleillée. Grande surtout.
— M'sieur, vous avez combien d'enfants ? demanda-t-il.

— Aucun, répondit Simon en soupirant. À notre grand regret à tous deux, ajouta-t-il en prenant la main de Bella dans la sienne.

— Le Ciel en a décidé autrement, dit alors Bella, affichant un sourire attristé. Mes prières n'ont pas été exaucées, tout simplement !

— Tes prières, tes prières ! grommela Simon en haussant les épaules. Qu'est-ce que Dieu vient faire là-dedans ? Tu sais très bien ce que j'en pense de ton Dieu !

— Chez moi, c'est tout le contraire ! Ma mère, tous les ans, elle priait Allah pour plus en avoir des enfants ! Ça a pas marché non plus ! Je crois que m'sieur il a raison, m'dame. Dieu, il est sourd, parfois ! Bella et Simon rirent. Malik poursuivit :

— Une si grande cuisine, une si grande maison, rien que pour vous deux ? C'est pas un peu trop grand ? Chez nous, quand tout le monde est là, on est tellement nombreux qu'on peut pas rentrer tous dans la cuisine. On est dix enfants ! En plus, chez nous, il y a toujours du monde, des amis, des frères, des sœurs, des cousins, des oncles, des tantes !

— J'ai toujours rêvé d'avoir une grande famille, dit Bella. Mais dix, ça me paraît un peu beaucoup, tout de même.

Et elle éclata de rire.

Malik la regarda et la trouva belle avec ses cheveux

pas encore tout à fait blancs, ses yeux verts et sa peau si fine qu'on aurait dit qu'elle était transparente. C'est une vraie Française, elle ! songea-t-il. Trop maigre ! Bien sûr qu'elle a pas eu d'enfants, elle aurait même pas eu la place où les mettre.

Bella, se sentant observée, rougit légèrement. Malik en resta pantois. Jamais il n'avait vu une grande personne rougir. Alors, il retroussa ses manches et fit ce que jamais il n'aurait fait chez lui : il aida Bella à débarrasser la table. Cela ne le gêna absolument pas puisqu'il n'y avait là personne qui puisse se moquer de lui. Bella le laissa faire et lui montra comment bien aligner les tasses dans le lave-vaisselle.

— Tu viens, Malik ? cria Simon depuis le salon.

Malik regarda Bella, attendant son approbation. Elle hocha la tête en souriant. Il rejoignit alors son professeur de musique.

Dans le salon, alignés en rangs serrés, Malik découvrit plus de disques qu'il n'en avait jamais vu en une seule fois dans sa vie. Plus encore qu'à la médiathèque. Les rayonnages couraient du sol au plafond et partout, des disques et encore des disques ! Même des grands noirs, là, comme on faisait avant, dans le temps ! Il écarquillait les yeux. Au fond de la pièce trônait un très vieux piano dont il s'approcha, intimidé.

— Vous jouez du piano, m'sieur ?

41

— Oh, non ! Je pianote seulement. Je ne joue pas vraiment.

Malik restait admiratif.

— Si Baba aurait vu ça, sûr qu'il aurait eu la crise cardiaque ! s'exclama-t-il.

— Baba ? s'étonna Simon.

— Oui, Baba, mon grand-père. Mais il est mort, maintenant !

— Que souhaites-tu entendre ?

— Oh, j'sais pas, m'sieur ! Il y en a trop ! Ce que vous voulez !

— Soit ! Je choisirai des œuvres moins connues que celles que tu écoutes d'ordinaire à la médiathèque. Installe-toi, là ! Oui, là, dans mon fauteuil !

Malik, impressionné, posa le bout de ses fesses sur le grand fauteuil. Simon s'assit sur le canapé qui lui faisait face. Il laissa Malik se détendre peu à peu, s'installer plus confortablement, puis écouter attentivement la musique. Lorsqu'il vit que le garçon s'était décrispé, il lui demanda :

— Alors, Malik, il te vient d'où cet amour de la musique classique ?

— D'un rêve, m'sieur !

— D'un rêve ? s'étonna Simon.

— Oui, d'un rêve, m'sieur, répondit Malik qui ne savait pas trop quoi dire d'autre puisque c'était bien

42

d'un rêve que lui était venue sa passion. Il précisa quand même :

— D'un rêve avec mon grand-père, Baba.

Bella les rejoignit au salon et prit son tricot. Malik entreprit alors de leur raconter ce rêve étrange qu'il avait fait un soir et qui depuis revenait si régulièrement. Mais avant, pour que Simon et Bella comprennent bien, il lui fallait leur raconter l'histoire de Baba, son grand-père, le fou de musique, le violoniste divin.

Baba avait toujours joué du violon. Il avait appris tout seul, d'oreille. Quand il vivait encore en Algérie, il faisait partie d'un petit orchestre qui jouait dans les mariages et les fêtes. Mais il dut quitter l'Algérie parce que la vie là-bas était vraiment trop dure pour lui et sa famille. Arrivé en France, il avait bien fallu qu'il travaille, pour gagner sa vie et nourrir tout le monde. Parce que jouer du violon ce n'était pas un vrai métier. Alors, dans la journée, il allait à l'usine, et le soir, il faisait de la musique. Avec quelques amis, ils avaient même reformé un petit groupe qui se produisait dans les fêtes arabes et comme ça, Baba se faisait un petit supplément d'argent. Quand il y a eu la guerre en Algérie, les Arabes n'ont plus eu le droit de sortir le soir, à cause du couvre-feu[*], on ne pouvait

---

[*] Le 5 octobre 1961, suite à de violentes manifestations à Paris, un couvre-feu sera imposé aux Algériens de France.

plus être dehors à partir d'une certaine heure. Seulement, Baba s'en fichait, lui, du couvre-feu. Il disait : « Moi, je suis pas dangereux. Je fais pas des attentats. Je suis un musicien. Je vais juste jouer de la musique. Je n'ai rien à voir avec la politique. Alors, il pourra rien m'arriver. »

Pourtant, un soir, Baba n'est pas rentré à la maison. La grand-mère de Malik, Lalla, était très inquiète. Elle a fait les cent pas toute la nuit en tordant son mouchoir. À la radio, ils ont dit qu'il y avait eu des manifestations d'Algériens à Paris qui avaient mal tourné et qu'il y avait eu des morts et des blessés. Mais Lalla n'a pas eu peur. Elle savait bien que Baba n'était pas à la manifestation, lui. Il n'avait rien à y faire. Pourtant, la nuit a continué d'avancer et Baba n'est toujours pas rentré. Alors, ses fils sont partis à sa recherche. Ils ont été d'abord là où il jouait d'habitude. Mais le café était fermé. Ensuite, ils sont allés chez ses amis musiciens. Cela faisait longtemps qu'ils étaient rentrés chez eux et avaient quitté Baba. De plus en plus inquiets, ils ont refait le chemin à pied menant du café à leur domicile. Baba faisait toujours ce chemin à pied parce que à cette heure-là, il n'y avait plus de métro. Quand ils sont arrivés près du métro Charonne, ils ont vu qu'il y avait eu du grabuge. Il y avait plein de CRS partout et des ambulances, aussi. Ils ont

44

attendu un moment, sous un porche, puis ont repris le chemin jusqu'à la maison. De l'escalier, ils ont entendu Lalla hurler et pleurer. Un ami était venu lui dire que Baba était mort. Il avait été pris dans l'émeute en rentrant chez lui et s'était fait tuer. Cet ami avait juste pu ramasser son violon qu'il leur rapportait.

6

Malik avait fini son histoire. Il se taisait à présent. Enfoncé dans son fauteuil, les jambes battant dans le vide, il regardait les disques courant le long des rayonnages.

— Tu ne l'as donc pas connu, ton grand-père ? demanda Simon.

— Non. Juste en photo. Ma grand-mère a gardé beaucoup de photos de Baba. Et sur toutes les photos, il avait son violon. Ma mère m'a dit qu'il s'en séparait le moins souvent possible et qu'il en prenait soin comme d'un bébé.

— Aucun de ses enfants n'est devenu musicien ? s'étonna Bella.

— Non. Lalla n'a pas voulu. Elle a dit que plus jamais quelqu'un de la famille ferait de la musique, répondit Malik en soupirant. Que c'était la musique qui avait tué son mari et que, elle vivante, plus personne en ferait.

— Mais cela n'explique pas vraiment ton amour de la musique, remarqua Simon.

— La musique, je l'ai toujours aimée. Mais je le savais pas. J'allais écouter les disques à la médiathèque mais je savais pas que ça voulait dire que j'aimais la musique. C'est Baba qui m'a dit que je portais la musique en moi, que j'avais l'oreille et qu'il fallait que j'en joue.

— Comment cela, puisque tu ne l'as pas connu ? s'étonna Simon.

— Quand j'ai fait le rêve.

— Quel rêve ? demanda Bella.

— Le rêve dont je vous ai parlé. Une nuit, j'ai vu Baba, assis à côté de moi, sur mon lit. Il était habillé tout en blanc et il tenait son violon posé sur ses genoux. Je l'ai tout de suite reconnu. Je lui ai alors demandé : « Baba, qu'est-ce que tu fais là ? » Alors, il m'a répondu : « Petit, tu es le seul dans cette famille qui ait l'oreille. Le seul à pouvoir reprendre le violon. Chez moi, on a toujours joué du violon. Je sais que tu aimes la musique. Je te vois aller écouter les disques là-bas, dans le grand bâtiment. Mais, c'est pas suffisant. Il faut que tu apprennes les notes, le solfège et le violon. » J'allais lui dire que jamais je pourrais, mais il a disparu. Le lendemain matin, j'ai raconté à ma mère que j'avais eu la visite de Baba dans la nuit. Elle était

47

pas contente du tout et a crié très fort. Elle m'a dit que j'avais fait un rêve et que ça ne voulait rien dire. Elle m'a dit aussi que plus jamais personne toucherait le violon de Baba parce que c'était ce violon qui l'avait tué ! Mais j'ai quand même très envie de devenir un violoniste parce que je sais que c'était ce qu'il voulait, Baba, et que j'ai pas le droit de le décevoir. Avant, je voulais jouer du piano. Je trouvais ça joli. Mais depuis que j'ai vu Baba, je sais que je dois jouer du violon, comme lui.

Bella regarda Simon, discrètement. Il s'était levé et arpentait la pièce de long en large les mains dans le dos, les poings serrés, signe chez lui d'une grande émotion.

— Et alors ? demanda-t-elle à Malik qui ne s'était pas aperçu du trouble de son professeur.

— Alors, j'ai réfléchi longtemps. Parce que je savais pas comment je devais faire pour apprendre la musique. Le monsieur de la médiathèque, il m'a expliqué que c'était difficile, qu'il fallait s'inscrire au conservatoire et tout ça, et je me suis dit que jamais j'y arriverai tout seul. Et que ça devait coûter très cher, en plus. C'est pour ça que j'ai pensé à vous. En classe, quand vous nous avez demandé de vous dire si on jouait de la musique, je me suis dit que moi, j'en jouais pas encore mais que peut-être vous pourriez

48

m'aider à en faire. C'est pour ça que je vous ai mis dans ma fiche que je voulais apprendre le violon.

Simon se racla la gorge. Il bougonna quelques mots que Malik ne comprit pas.

— Comment, m'sieur ? lui fit-il.

— Il n'y a pas que le violon comme instrument de musique ! répéta alors Simon. Et puis, on peut aimer la musique sans forcément jouer d'un instrument. Est-ce que j'en joue, moi ? Non ! Et pourtant, je ne m'en porte pas plus mal !

— Oui, m'sieur. J'sais bien, mais moi, je veux faire du violon, répéta Malik.

— Tu veux faire du violon ! Tu veux faire du violon ! Et comment comptes-tu en faire, du violon ?

Malik, surpris, regarda Simon qui poursuivait:

— Et sais-tu seulement comme c'est difficile ? Tu pourrais jouer du piano, ou de la guitare ! De plus, tu as déjà onze ans. C'est bien trop tard pour te mettre au violon. Moi...

Simon se tut, énervé, laissant sa phrase en suspens.

— Mais c'est du violon que je veux jouer, moi ! Je m'en fiche que ce soit difficile !

Malik était devenu rouge. Pourquoi le prof de musique se mettait en colère, soudain, alors que juste avant il avait cru qu'il l'aiderait à apprendre le solfège et à jouer du violon ? Il se dit alors qu'il avait rêvé.

49

Tout comme il avait probablement rêvé la visite de Baba. Sa mère avait raison, finalement. Mais qu'est-ce qu'il espérait ? Que quelqu'un s'intéresserait enfin à lui ? Quel imbécile, il était !

Il n'avait plus rien à faire chez ces gens. Il se leva, tendit la main à Bella et salua Simon.

— Au revoir, m'dame. Au revoir, m'sieur, leur dit-il en se dirigeant très dignement vers la porte.

Bella l'accompagna tandis que Simon, planté au beau milieu du salon, le regardait s'éloigner, incapable de le retenir, de le consoler, incapable de trouver les mots pour cela. Bella voulut passer sa main dans les cheveux de Malik, mais il esquiva son geste.

— Tu reviens quand tu veux, lui dit-elle en soupirant, sur le pas de la porte. Même quand Simon n'est pas là. Je serai toujours heureuse de te voir et de te faire un chocolat. Et tu pourras écouter autant de musique que tu en auras envie. Ne renonce pas, Malik ! Accroche-toi, mon petit ! Pense à ton grand-père !

En s'éloignant, Malik écrasa du revers de sa manche les larmes qui s'échappaient, malgré lui.

Ce soir-là, Simon ne desserra pas les dents. Bella savait bien que lorsqu'il était ainsi, mieux valait le laisser seul, dans son coin, à ruminer ses idées noires et attendre que sa mauvaise humeur passe. Comme il avait coutume de le faire alors, Simon s'installa dans son fauteuil, posa ses écouteurs et s'enfuit avec sa musique. La seule qui fût capable de le consoler, un tant soit peu. Bella reprit son tricot et laissa ses pensées vagabonder. Cela faisait plus de trente-cinq ans qu'elle connaissait Simon et cela faisait plus de trente-cinq ans qu'il souffrait de cette même blessure qu'il s'était obstiné à dissimuler à tout prix. Il n'en avait jamais soufflé mot à personne, pas même à elle, Bella, sa femme, malgré l'immense amour qu'il lui portait. Mais ce que Simon taisait le jour, il en parlait la nuit, dans les nombreux cauchemars qui le hantaient. Et c'est ainsi qu'elle connaissait le passé de son mari... Elle ne lui posa jamais de questions, espérant qu'un jour, peut-être, il parviendrait à tout lui raconter. Ce jour n'était encore jamais venu, mais sa rencontre avec Malik avait visiblement brutalement réveillé en lui des souvenirs douloureux, tel était l'objet de son exécrable humeur. Pourtant, se dit Bella, je crois qu'il l'attendait, ce gamin. Il fallait qu'il le rencontre. C'est même tellement dommage qu'il ait tant tardé à surgir, ce petit. Pourvu d'ailleurs qu'il ne soit pas trop tard !

7

Simon resta taciturne pendant plusieurs jours. Ce qui s'était passé avec Malik l'avait profondément bouleversé et l'avait amené à longuement réfléchir. Et pour la toute première fois, il regretta de ne pouvoir faire marche arrière, de ne pouvoir remonter en sens inverse le chemin de sa longue et douloureuse carrière de professeur médiocre. Oui, il avait eu tort, pensait-il. Tort de se complaire dans une punition qu'il s'était lui-même infligée et dont lui seul avait souffert. Lui et peut-être quelques-uns parmi les centaines d'élèves qu'il avait vus passer et qui avaient eu à subir son indifférence. Sans compter le temps perdu à s'ennuyer, à regarder le temps passer au cadran de sa montre ou encore à essayer en vain de faire régner un semblant de discipline. Il s'était senti bien plus souvent gendarme que professeur de musique. Mais quel imbécile ai-je été ! pensa-t-il.

53

J'aurais pu leur faire aimer Bach, Mozart, ou Chosta-kovitch, si je l'avais seulement voulu. Et qui sait combien de talents cachés, de dons exceptionnels j'ai négligé de détecter durant toutes ces années ? Je l'attendais, mon prodige. C'est vrai. Bella a raison sur ce point. Mais je l'attendais sans même me donner la peine de le chercher. Un tout petit effort, un minimum de bonne volonté aurait sans doute suffi. Quel gâchis ! Mais quel gâchis !

Simon ne revit pas Malik, les jours suivants. Il ne l'avait en cours qu'un jour par semaine. Par contre, il eut Mouloud Choukri, élève de troisième, un garçon difficile qui lui avait donné bien du fil à retordre les années précédentes. Mais Simon n'était plus d'humeur à se laisser faire.

Aux premières pitreries de Mouloud, Simon haussa le ton. D'une voix ferme et menaçante, il lui ordonna de se calmer sur l'heure s'il ne voulait pas être renvoyé de son cours séance tenante et ce, pour le restant de l'année. Jamais Simon n'avait fait preuve de la moindre fermeté. C'était la toute première fois qu'il menaçait l'un d'entre eux d'une quelconque punition. Mouloud hésita. Les yeux de l'ensemble de ses cama-rades étaient braqués sur lui, Mouloud, le meneur, le chef de bande. Ne pas réagir serait perdre la face.

Simon, debout sur l'estrade, les dents serrées, les muscles tendus à se rompre, affrontait le regard de l'élève. Ne pas fléchir, ne pas baisser les yeux surtout, pensait-il. Et il y avait soudain tant de force dans le regard d'acier du vieux professeur, tant de détermination et tant d'autorité inattendue que Mouloud en fut désorienté. Cela faisait des années qu'il le connaissait, le vieux Klein. Des années qu'il semait la panique à tous ses cours sans que celui-ci ne bronche, comme si ça lui était égal, comme s'il n'en avait rien à faire. Alors, lui qui détestait l'école ne s'était pas gêné et s'en était même donné à cœur joie.

Mouloud, la gorge sèche et les poings serrés, sentait sa détermination vaciller et une angoisse étrange monter en lui. Toute la classe retenait son souffle et le regardait. Et l'inconcevable se produisit alors. Mouloud se rassit, tête baissée.

Un murmure s'éleva entre les rangs.

— Silence ! cria Simon.

Et le silence se fit. Tout doucement, Simon se tourna ensuite vers le tableau, s'attendant à une brusque montée de quolibets. Mais rien ne vint. Il ferma les yeux pour décompresser. Quand il leur refit face, il avait retrouvé tout son calme.

Il dispensa son cours dans un calme religieux, son regard allant de l'un à l'autre de ses élèves qu'il regardait droit dans les yeux, pour la toute première fois. Il les connaissait tous depuis longtemps, il connaissait leur nom, mais jamais auparavant il n'avait fait vraiment attention à leurs visages, leur personnalité, leurs goûts. Et au fur et à mesure qu'il leur parlait, Simon remarqua que ses propos semblaient les intéresser. Il en fut aussi surpris que ses élèves qui ne comprenaient pas vraiment ce changement brutal de comportement. Qu'était-il arrivé à monsieur Klein pendant ses vacances ?

À la fin du cours, chacun se leva, rangea ses affaires sans chahut, sans chute de chaises et sans hurlements. Simon les regarda sortir. Lorsque le dernier élève eut disparu, il s'effondra sur son bureau, le visage au creux de ses mains, le corps secoué par d'étranges tremblements.

— Ça va pas, m'sieur ? lui demanda Émilie qu'il n'avait pas entendue revenir. Excusez-moi ! poursuivit-elle, mais j'ai oublié le cahier de textes.

— Prenez-le, mon petit ! Prenez-le ! lui bredouilla bizarrement Simon sans lever la tête.

— Mais je peux pas, m'sieur, vous êtes appuyé dessus ! Simon se redressa et Émilie put alors constater que contrairement à ce qu'elle avait cru ce n'étaient pas les sanglots qui faisaient trembler ainsi son professeur

56

mais un énorme fou rire, un gigantesque fou rire qui agitait son corps tout entier de curieux soubresauts. Effrayée, elle s'empara en toute hâte du cahier oublié et détala.

Décidément, on le leur avait vraiment changé, leur prof. Ce n'était plus le même. Et si c'était de leur faute, à eux ? Si c'étaient eux, les élèves du collège George-Sand, qui l'avaient rendu fou ? Rongée par le remords, Émilie se jura que plus jamais elle ne serait insupportable au cours de monsieur Klein. Surtout qu'elle savait bien que c'était sa dernière année et que, finalement, il était vachement gentil comme prof. Et qu'il avait l'air si triste, parfois.

En clouant le bec à Mouloud, se dit Simon, je me suis acquis le respect de tout le restant de la classe.

Un lointain souvenir, émergeant brutalement du fond de la mémoire de Simon, mit un bémol à sa satisfaction et le rembrunit soudain. « Attaque-toi toujours au plus fort de la bande. Ce n'est qu'ainsi que tu te feras respecter », lui disait son père lorsqu'il était enfant. Ce conseil, qu'il avait suivi à la lettre, avait fait de Simon un garnement bagarreur et rebelle. Simon la terreur ! Et pendant que son père, fier des prouesses de son fiston, bombait le torse, sa mère, en larmes, nettoyait et pansait ses blessures. Cela remontait à si loin et tant de choses s'étaient passées depuis. Pourtant, Simon revoyait encore très nettement devant lui la haute stature de son père se détachant sur fond de nuit des temps. La vie avait fait en sorte qu'il ne puisse rester dans le camp des plus forts, car d'autres le furent bien plus que lui. Plus forts et plus cruels, surtout. Et jamais, plus tard, il ne retrouva ni l'envie ni la force de combattre qui que ce fût. Il se contenta d'errer dans la vie en courbant l'échine et jamais plus les paroles de son père ne lui étaient revenues en mémoire.

Sa victoire contre Mouloud n'avait rien de très glorieux certes, mais Simon, qui ne croyait plus en rien, eut l'impression d'avoir reçu une magistrale et providentielle claque. Car il ne pouvait en être autrement. Ce qui venait de se passer là, dans cette classe de troisième qui le terrorisait depuis tant d'années, ne pouvait tenir que d'un phénomène surnaturel. Trop de surprises semblaient liées à cette rentrée des classes : la rencontre avec Malik, son envie de monter un projet musical avec ses élèves alors qu'une telle idée ne lui avait jamais effleuré l'esprit auparavant, sa victoire sur Mouloud et enfin la réapparition soudaine de l'image de sa mère et de son père, image qu'il croyait à jamais enfouie au tréfonds de sa mémoire. Il y avait là un signe venu d'ailleurs, comme si tout ce qui lui arrivait était écrit quelque part et que le moment était à présent venu pour lui de changer le cours de sa vie. Et pour la toute première fois de sa longue carrière, Simon, en rangeant ses affaires dans son cartable, eut hâte d'être au lendemain.

— Mais pourquoi n'ai-je pas eu cette attitude auparavant ? Pourquoi n'avoir pas fait preuve de cette autorité-là dès le premier jour, celui où, tout jeune, j'ai franchi pour la première fois les grilles d'une école ? Toute ma carrière en aurait été modifiée ! Toute ma vie, aussi, se lamenta-t-il auprès de Bella.

— Voyons, Simon, tu sais très bien pourquoi.

Simon la regarda, étonné.

— Je ne vois pas ce que tu veux dire, Bella. Si je savais pourquoi, aurais-je passé tant de temps à souffrir ? Aurais-je passé tant de temps à essayer de trouver une solution ?

— Mais Simon, quand donc seras-tu honnête envers toi-même ? Ne crois-tu pas que si tu as autant souffert, comme tu le dis, c'est parce que tu en avais décidé ainsi ? Ouvre donc les yeux ! Penses-tu réellement avoir cherché un moyen de t'en sortir ? Non ! Parce que tu auras préféré t'apitoyer sur ton sort plutôt que relever la tête et te dire que rien n'était perdu, que tu avais encore toute la vie devant toi et que le fait de pleurer sur toi-même ne ramènerait pas ceux qui sont partis, tout comme cela n'effacerait pas ce que tu as vécu. Personne ne t'a jamais demandé d'oublier quoi que ce soit ni qui que ce soit. Seulement, tu es volontairement passé à côté de ta vie.

Simon avait baissé la tête. Bella avait raison. En partie.

— Tu te trompes juste sur un point, Bella. J'ai tout fait pour oublier. Pour tout oublier. Je croyais même avoir réussi. J'avais relégué tous ces vieux souvenirs au fond de ma mémoire où je les croyais enterrés à jamais. Et puis, il y a tant de choses que tu ne sais pas, Bella. Tant de choses dont je ne t'ai jamais parlé parce que, justement, je voulais les oublier à tout prix.

Bella fut alors sur le point de lui avouer qu'elle en savait bien plus qu'il ne se l'imaginait, mais elle se retint.

Simon préféra ne pas poursuivre la conversation. Bien sûr qu'il n'avait rien fait pour s'en sortir. Bien sûr que pendant toutes ces années, il n'avait jamais cherché le moindre plaisir dans son travail, la moindre consolation. Parce que ce métier-là, il ne l'avait pas choisi. C'est la vie qui l'avait choisi pour lui. Alors, il avait fait en sorte d'échouer sur toute la ligne. Il n'avait jamais cherché à réussir, ni même à ce que l'on dise de lui qu'il était un bon professeur de musique. Il n'en avait rien à faire, de tout cela. Il en voulait au monde entier d'avoir vu son destin basculer. Il en voulait au monde entier de ne pas avoir pu réaliser son rêve de petit garçon. Et pendant trente-cinq ans, il s'était rendu tous les jours au collège la mort dans l'âme, sans même se rendre compte qu'il avait là, sous les yeux, des centaines d'enfants à qui il aurait pu transmettre son amour de la musique. Et voilà qu'il regrettait, alors qu'il était bien trop tard pour faire machine arrière.

— As-tu vu Malik, aujourd'hui ? lui demanda Bella qui l'avait rejoint au salon.

— Non, je ne le verrai probablement qu'une seule fois par semaine, au cours de musique. Il n'y a pas de raison que je le voie sinon.

— Sauf si tu en as envie, lui dit Bella. Je lui ai bien proposé de revenir me voir mais il m'a semblé si déçu, hier, que je doute qu'il ait envie de le faire.

Simon haussa les épaules et voulut mettre ses écouteurs. Alors Bella se mit en colère. Simon en resta bouche ouverte tandis que sa femme, campée au milieu du salon, les poings sur les hanches, l'apostrophait.

— Cette fois-ci, vous ne fuirez point, monsieur Simon Klein ! Trop facile de s'évader avec ta musique au moindre problème. Je ne t'ai jamais rien dit. J'ai toujours respecté tes silences. J'ai toujours accepté tes décisions. Mais là, je ne suis pas d'accord ! Je ne suis plus du tout d'accord avec toi ! Ne commets pas l'irréparable, Simon ! Ce gamin a besoin de toi. Il compte sur toi. Alors, ne brise pas son rêve pour la seule et unique raison que l'on a brisé le tien ! Ce ne serait pas juste !

8

Simon ne trouva pas Malik à la médiathèque. L'employé ne l'y avait pas vu depuis plusieurs jours. Il s'installa et l'attendit jusqu'à la fermeture. Mais Malik ne vint pas. Alors Simon revint le lendemain et l'attendit encore, en vain.
Le lundi matin, au collège, Simon l'aperçut et lui fit un signe. Malik l'évita.

— Il te fait la tête, lui expliqua Bella. Tu ne l'as pas volé !
— Que faire ?
— Attendre, lui conseilla-t-elle. Attendre le prochain cours de musique et essayer de lui parler. S'il refuse, tu finiras bien par le revoir à la médiathèque. S'il aime autant la musique qu'il le prétend, il n'en restera pas très longtemps éloigné, crois-moi.
— Non, Bella. Je crois que j'ai une autre idée. En fait, c'est un projet qui me trotte dans la tête depuis la

rentrée. Et je crois même que ce sera une bonne façon de me réconcilier avec Malik.

— De quoi s'agit-il, Simon ? demanda Bella, curieuse.

— Eh bien, voilà ! En fait, qu'est-ce qu'ils veulent, les gosses ? De la musique branchée, comme ils disent ! Et s'ils veulent de la musique branchée, j'ai bien envie de leur en donner, moi, mais à ma façon. J'ai donc l'intention de monter un spectacle musical auquel participeraient tous les élèves qui le voudraient. Si toutefois, j'obtiens l'accord du principal.

— C'est une excellente idée, Simon ! Excellente ! exulta Bella. Et il n'y a aucune raison que le principal s'y oppose, après tout ?

— Je ne sais pas, Bella, mais j'ai le cerveau en ébullition. Je bute encore sur le thème du spectacle. Mais une fois cette difficulté surmontée et l'accord obtenu, il ne restera plus de temps à perdre. Je voudrais monter une sorte de petite comédie musicale. En écrire les textes avec les élèves, en composer les musiques, faire la mise en scène, les costumes, les décors, et cela en une toute petite année scolaire. Sacré chantier en perspective, que je ne peux entreprendre seul. J'aurai besoin des enfants, bien sûr, mais aussi des autres professeurs, des parents, et...

— Simon, Simon ! l'interrompit Bella. Ne t'emballe donc pas tant. C'est ton projet, à toi, et je t'en félicite,

64

mais tu auras peut-être du mal à mobiliser tout le monde autour de toi. Ne sois pas trop ambitieux. Tu sais que ce n'est pas facile de fédérer les gens autour d'un projet dont ils ne sont pas eux-mêmes les initiateurs !

Le principal, le menton posé sur ses doigts joints, observait un Simon transfiguré lui exposer son projet de spectacle de fin d'année. D'excitation, Simon allait et venait, s'asseyait, se levait à nouveau pour faire les cent pas et parlait, parlait. Il semblait comme transporté. Ce n'est plus le même homme, se disait-il. Il le connaissait depuis assez longtemps, Simon Klein, et avait toujours eu de l'estime et de la compassion pour lui, devinant chez cet homme une blessure profonde dont il pensait connaître l'origine.

Plongé dans ses pensées, le principal se vit brutalement rappelé à l'ordre.

— Mais vous ne m'écoutez pas ! protesta Simon.

— Oh que si, Simon, je vous écoute. Je ne fais que ça !

— Alors ?

— Alors, votre idée me tente. Seulement, je crains fort que cela ne perturbe la bonne marche de l'établissement. Il pourrait y avoir des débordements. Il se pourrait également que les élèves, tout à leur préparation de ce spectacle, viennent à négliger leur travail scolaire et que, de ce fait...

— Nous pourrions aussi obtenir l'effet contraire ! le coupa Simon. Cela souderait les élèves entre eux de mener à bien un projet commun. Cela souderait également peut-être les enseignants dont la plupart se contentent de se côtoyer pendant des années sans jamais créer le moindre lien. De plus, les enfants travailleraient conjointement avec leurs professeurs pour l'écriture des textes, pour les décors, les costumes, les répétitions. Tous ceux qui le voudront seront les bienvenus ! Nous pourrons également demander l'aide des parents qui seraient, je pense, heureux qu'on les invite à prendre part ainsi à la vie du collège. Cela aussi créerait des liens.

— Je vous trouve bien ambitieux, Simon ! Votre projet est certes louable mais je le jugerais presque utopique. Je crains que tout ne soit pas aussi facile et idyllique que vous l'envisagiez. Et l'adhésion de vos collègues n'est pas du tout acquise, sachez-le !

— Vous parlez comme ma femme ! bougonna Simon.

Le principal se mit à rire.

— D'accord, Simon. Je ne veux pas jouer au rabat-joie. Ce que je vous propose, c'est de soumettre votre projet au vote de l'ensemble des enseignants. Nous avons une réunion ce soir. Nous ajouterons donc ce sujet à l'ordre du jour.

Simon réfléchit quelques instants. La partie n'était pas encore gagnée. Mais il n'avait pas le choix.

— Va pour le vote ! lâcha-t-il du bout des lèvres.

Ni Bella ni le principal ne s'étaient trompés. L'accueil du projet de Simon par ses collègues fut plutôt mitigé. Et les volontaires pour y participer représentèrent à peine plus de la moitié des professeurs. Pourtant, Simon ne se démonta pas. Il obtint cinquante et un pour cent des voix et décida de s'en contenter. Il n'allait pas se laisser abattre pour autant. Il avait gâché suffi-samment d'années à ne s'intéresser à rien et à attendre bêtement que le temps passe. Et puisqu'il avait l'accord du principal et d'une petite majorité des professeurs, il ferait avec. Tant pis pour les autres. Et quand Gaillot se mit à railler l'idée et fit quelques remarques désagréables avant d'annoncer haut et fort qu'il refusait de coopérer à ce projet qu'il qualifia de débile, Simon lui décocha un tel regard de mépris qu'il en resta le bec cloué.

— Les personnes qui ne désirent pas participer au projet peuvent donc se retirer, proposa alors le principal. Quant aux autres, au travail !

Il adressa un clin d'œil amical à Simon qui en eut chaud au cœur.

— Le problème est de trouver le thème, annonça Simon lorsqu'ils se retrouvèrent en petit comité.

— Peut-on vous faire des suggestions ? demanda Sylvie Dufau. Que diriez-vous d'un thème qui évoquerait les différentes cultures et traditions ? Une grande partie de nos élèves viennent d'horizons très différents. Il serait enrichissant d'en tirer parti. Et d'un point de vue musical, ce serait tout aussi intéressant.

L'ensemble des enseignants trouva le thème idéal et il fut donc choisi à l'unanimité.

— Très bien, conclut alors le principal visiblement satisfait. Mais encore une fois, je tiens à ce que vous sachiez qu'au moindre problème de discipline engendré par ce projet, je me verrai contraint de tout arrêter. On est d'accord, Simon ?

— Parfaitement d'accord.

C'est sur cette décision qu'ils se séparèrent et Simon rentra chez lui en sautillant et chantonnant de bonheur. Madame Laval, en le voyant passer, fronça les sourcils.

— Je crois que cet homme est devenu complètement dingue ! confia-t-elle à Tougris qui n'en avait cure.

Bella avait eu encore raison. Au cours de musique, Simon s'aperçut que Malik le boudait. Vautré sur sa table, au tout dernier rang, il ne participait plus à ce qui se passait autour de lui. Si de partout fusèrent des oh ! et des ah ! enthousiastes, lorsque Simon fit part à sa classe de son projet musical, Malik afficha le plus total des désintérêts. Pourtant, si Simon avait eu une meilleure vue que la sienne, il aurait pu distinguer dans les yeux de son élève une intense jubilation à l'idée de cette fête. Faire de la musique ! N'était-ce pas ce qu'il souhaitait le plus au monde ? Et il voyait bien que monsieur Klein semblait s'adresser à lui, ne cessant de le regarder, comme s'il regrettait ce qui s'était passé l'autre jour.

Mais alors, qu'est-ce qui lui avait pris et à quel jeu il jouait ? se demandait encore Malik. Pourquoi l'avait-il invité chez lui ? Juste pour boire un chocolat ? Ou alors, c'était pour lui montrer sa collection de disques, pour frimer ? Malik ne comprenait plus rien. Avait-il fait ou dit quelque chose qui ne lui avait pas plu ? Il avait beau se creuser la tête, aucune réponse ne lui venait à l'esprit. Il avait bien été tenté d'aller revoir Bella comme elle le lui avait proposé, mais il n'avait pas osé. Pas plus que Simon ne trouva le courage d'aborder Malik ce jour-là, à la fin du cours, comme il s'était pourtant juré de le faire.

— C'est une tête de mule, ce gamin ! expliqua-t-il à Bella pour se justifier. Il ne m'a pas adressé la parole. Pire, il m'a tout simplement ignoré !

— Vous êtes donc faits pour vous entendre, lui répliqua Bella. Comme tête de mule, j'en connais une autre !

— Mais c'est à lui de faire le premier pas, non ? C'est lui le plus jeune de nous deux !

— Le plus jeune, certes, mais c'est toi qui l'as blessé. C'est donc à toi de lui présenter des excuses. Surtout qu'il ne doit rien comprendre à ton attitude, ce pauvre gosse. C'est toi qui es allé le chercher à la médiathèque, et puis, tu le renvoies dans ses quartiers, comme ça, pour la simple et unique raison qu'il veut apprendre à jouer du violon ! Avoue qu'il a de quoi être perturbé, cet enfant !

— Alors, que proposes-tu ? demanda Simon qui était bien obligé d'admettre que Bella avait encore et toujours raison.

— Eh bien, demain, c'est dimanche ! Tu pourrais peut-être aller te promener du côté de la cité ?

— Tu n'y penses pas ! Je vais me faire massacrer, là-haut !

— Qu'est-ce que tu racontes ? Tu n'y as jamais mis les pieds, là-haut, et je m'étonne que toi, Simon, tu prêtes ainsi l'oreille à de telles rumeurs. Tu te laisses donc influencer par les propos de... de ... madame Laval, par exemple ? N'avons-nous pas suffisamment souffert de ce genre de mensonges, naguère, pour jouer à ce jeu-là, Simon ?

Simon bougonna :

— D'accord avec toi, Bella, mais je ne pense pas que

ce soit une très bonne idée pour autant. Malik n'apprécierait pas du tout. Il ne tient visiblement pas à ce que l'on connaisse chez lui son désir d'apprendre la musique. Il m'en voudrait à vie. Non, je préfère attendre encore un peu. Il ne boudera pas éternellement.

— Soit, tu fais comme tu le sens, concéda Bella dans un soupir.

Elle savait que Simon ne supportait pas d'être brusqué, d'être mis au pied du mur. Mais elle ne supportait pas non plus l'idée de rester là sans rien faire. Si Simon était libre d'attendre, Bella quant à elle estimait qu'elle était tout aussi libre d'agir...

9

Tous les dimanches matin, Bella allait faire son marché. Pourtant, ce dimanche-là, elle prit la direction inverse.
— Mais elle va où ? demanda madame Laval à Tougris. Elle ne va pas au marché aujourd'hui ? Bizarre ! Très bizarre, même !
Non, Bella n'allait pas au marché. Elle avait fait ses courses la veille à la grande surface voisine, même si d'ordinaire, elle n'y mettait pas les pieds. Mais il fallait absolument qu'elle mène à bien ses projets sans éveiller l'attention de Simon. C'est pour ça qu'elle se dépêchait, ce dimanche matin-là. Elle ne disposait pas de beaucoup de temps.
Clara, son amie d'enfance, l'attendait.
— Alors, dit-elle à Bella en la débarrassant de son manteau, raconte ! Je t'ai trouvée bien mystérieuse au téléphone.

Bella se mit à rire.

— Voilà, il faut que je te demande un grand service, répondit-elle à son amie en l'embrassant. Et surtout, la plus grande des discrétions. Simon ne doit pas savoir. Je ne veux absolument pas qu'il soit au courant de ce que je vais te demander. Il ne me le pardonnerait pas.

Après lui avoir fait part de ses projets et emporté son adhésion enthousiaste, elles arrêtèrent ensemble les horaires des cours de violon que Clara donnerait à Malik tous les mercredis après-midi.

Bella, partagée entre la joie et la mauvaise conscience, refit alors le chemin en sens inverse et regagna son domicile. Simon, dans le salon, ne remarqua pas le moins du monde qu'elle était partie et revenue sans panier.

Bella eut plus de mal à exécuter la seconde partie de son plan. Il lui fallait rencontrer Malik au plus vite, en tête-à-tête. Comment allait-elle procéder, sachant qu'il n'était pas question de téléphoner ni de se rendre chez lui ? Quoique ! Après tout, si chez les enfants Choukri, tout le monde connaissait Simon Klein, le professeur de musique, nul n'y connaissait son épouse... Sa décision était donc prise. Le mercredi après-midi suivant, elle prit le bus pour la cité.

Jamais elle ne s'y était rendue auparavant. Simon non plus n'y avait jamais mis les pieds, mais il restait persuadé que cette partie de la ville était un véritable repaire de voyous, tous plus dangereux les uns que les autres.

Bella n'avait pas peur. Des enfants jouaient çà et là, comme partout ailleurs, sous l'œil de leurs mères qui les surveillaient tout en papotant entre elles. D'autres, plus âgés, discutaient en fumant des cigarettes, adossés au mur d'un bâtiment. Plus loin, un groupe d'hommes jouaient aux boules. Nul ne fit attention à elle. En s'approchant des bâtiments, elle fut tout de même choquée de voir les murs recouverts de graffitis, les portes éventrées, les boîtes aux lettres défoncées.

Bella était perdue. Quel immeuble habitaient les Choukri ? Quelle entrée ?

— On peut vous aider, madame ? demanda alors une jeune Africaine en boubou, qui revenait les filets pleins au bout des bras et un bébé accroché dans son dos.

— À vrai dire, répondit Bella, c'est plutôt moi qui devrais vous poser la question !

— Non, fit la jeune femme. Laissez ! J'ai l'habitude. Vous cherchez qui ?

— La famille Choukri.

Soudainement soupçonneuse, elle demanda :

75

— Et vous lui voulez quoi, à la famille Choukri ?

— Rien, répondit Bella étonnée par cette question brutale, euh... ce n'est pas les parents Choukri que je recherche en fait, mais Malik, leur petit dernier.

— Malik ?

— Oui, Malik. Vous le connaissez ?

— Oui, répondit la jeune femme toujours méfiante, je le connais bien Malik, c'est un brave petit. Vous ne lui voulez pas de mal, tout de même ?

— Oh, non, pas du tout...

Bella qui cherchait désespérément une réponse valable à donner fut alors miraculeusement sauvée par Malik en personne qui, dévalant les escaliers de l'immeuble, déboula dans l'entrée, interrompant ainsi le pénible interrogatoire que Bella était en train de subir.

— Madame Bella, qu'est-ce que vous faites ici ?

— Malik ! s'exclama-t-elle comme si elle avait aperçu le Messie.

Après avoir remercié la jeune femme d'un sourire, elle entraîna le garçon en le tenant par le bras.

— Comment vous m'avez trouvé ? lui demanda-t-il lorsqu'ils furent suffisamment éloignés.

— Cela n'a pas été très difficile. Il m'a suffi de fouiller dans les affaires de Simon, d'y trouver ta fiche et ton adresse, mais il n'y avait pas le numéro de ton immeuble et j'étais un peu perdue.

— Ah bon, et qu'est-ce que vous me voulez alors ?

— Te parler. Viens, marchons un peu !

Bella proposa alors son plan à Malik. Il l'écoutait, attentif. Quand elle se tut, il la regarda un long moment, sceptique. Et le sourire de Bella, qui s'était plutôt attendue à une explosion de joie, se figea.

— Excuse-moi de t'avoir dérangé avec mes projets, lui lança-t-elle, déconcertée. Je me suis trompée. N'en parlons plus. Je pensais bien faire, mais je vois que mon idée est complètement farfelue... Au revoir, Malik. Je suis ravie de t'avoir connu, vraiment.

Et sur ce, elle tourna les talons, le laissant encore plus médusé.

Quand Bella l'entendit la rappeler, elle ne put s'empêcher de pousser un immense soupir de soulagement.

— Mais c'est pas ça ! se défendit-il avec véhémence. Vous avez rien compris ! Monsieur Klein m'a carrément envoyé balader, l'autre jour. Alors, je sais plus moi ! Faudrait peut-être vous décider à la fin !

— Écoute, Malik. C'est une proposition des plus sincères que je suis venue te faire. Je n'ai pas mis Simon au courant et il ignore ma présence ici. Je comprends fort bien que sa réaction de l'autre jour ait pu te sembler bizarre. Toutefois, il ne faut pas lui en vouloir. J'espère qu'un jour tu pourras comprendre certaines choses. Mais là n'est pas la question pour le moment. Je veux juste savoir si ma proposition t'intéresse ou pas. Si tu n'es pas intéressé, ce n'est pas grave. Je ne m'en formaliserai pas, et même je te comprendrai très bien.

— Mais bien sûr que ça m'intéresse ! cria-t-il. Vous savez bien que c'est mon rêve.

— À la bonne heure ! répliqua Bella. Me voilà rassurée. Mais je vais juste te demander de me faire une promesse.

Et Malik promit tout ce qu'elle lui demanda de promettre.

Le lendemain, au collège, Simon fut heureux de constater que Malik semblait avoir totalement oublié sa rancune, ainsi qu'il l'avait prévu. Je lui ferai apprendre le piano, décida-t-il. Je demanderai à mon ami Sacha de s'en occuper. Et je suis sûr qu'il l'oubliera vite son violon. Il fera un excellent pianiste.

— Alors, on les commence quand, ces cours de solfège ? demanda-t-il à Malik à la fin du cours.

— Quand vous voulez ! lui répondit Malik avec enthousiasme.

— Demain, dix-huit heures, chez moi, ça te va ?

— Oh oui, m'sieur ! J'y serai ! Merci m'sieur !

Et Malik s'éloigna en bondissant comme un cabri.

Sur le chemin du retour, Simon se surprit à chantonner

un air joyeux qui lui trottait dans la tête depuis le matin. Tiens, il faudrait que je le transcrive ! Il pourra me servir dans notre spectacle.

10

— MALIK, en plus de nos cours de solfège, je t'ai inscrit au conservatoire municipal, lui annonça Simon, dès le lendemain, le croisant au collège. Tu commences les cours la semaine prochaine. Il va falloir travailler très dur, parce qu'il ne faut pas que tes cours au collège en souffrent. Un vrai musicien doit être également un homme instruit et cultivé ! Ce soir, après les cours, je t'emmènerai chez un ami, mais...

Simon sembla embarrassé, hésita.

— Mais, poursuivit-il enfin, j'aimerais que cela reste confidentiel. Un secret entre nous.

— Un secret ? s'étonna Malik.

— Oui, j'aimerais que tu n'en pas parles pas à Bella pour le moment.

Malik eut envie d'éclater de rire. Décidément, les Klein étaient les rois du secret.

— D'accord, fit Malik qui préféra ni promettre, ni jurer.

Le soir, donc, intrigué et curieux, il suivit Simon. Ils marchèrent côte à côte jusqu'au centre-ville où Simon s'arrêta devant un immeuble cossu.

— Sacha, c'est nous ! cria-t-il dans l'interphone après avoir sonné.

L'homme était grand, mince, et les cheveux entièrement argentés. Il portait au-dessus de ses vêtements une robe de chambre de soie rouge et noir, ce qui eut pour effet d'intimider terriblement Malik.

— Voilà, je te présente Malik ! dit Simon à l'homme.

— Enchanté, répondit l'homme, en lui tendant la main. Moi, c'est Alexandre Brodowski, ton professeur de piano, mais tout le monde m'appelle Sacha.

— Professeur de piano ? fit Malik cloué au sol. Mais...

— Tu n'es pas content ? demanda Simon. Je t'offre là, sans plus attendre, les cours du plus grand professeur de piano que je connaisse.

Simon semblait ravi de son coup de théâtre.

Malik, lui, resta sans voix. Sacha l'entraîna alors vers le salon où trônait un magnifique piano à queue, tel que jamais il n'en avait vu en vrai. Sacha s'installa sur un tabouret tendu de velours rouge et fit signe à Malik de s'asseoir à ses côtés. Sacha posa alors ses longues mains fines sur le clavier et se mit à jouer. Ses doigts semblaient

à peine effleurer les touches blanches et noires. Ses mains volaient, virevoltaient et les sons emplissaient la pièce de la plus merveilleuse des musiques. Malik retenait sa respiration. Jamais il n'avait rien entendu d'aussi beau. Il eut l'impression que la musique l'imprégnait tout entier, s'installant dans chacune des fibres de son corps. Quand Sacha plaqua le dernier accord, Malik se leva, suivit Simon comme un automate et resta muet tout au long du chemin.

Malik ne ferma pas l'œil de la nuit. Il fit d'effroyables cauchemars où apparaissaient à tour de rôle les visages déformés de son grand-père, de Simon, de Sacha, et de Bella et où s'entrechoquaient, dans une ronde folle, violons et pianos. C'était trop d'émotion pour lui tout seul. Il fallait qu'il en confie au moins une partie à sa mère. Dès qu'il l'entendit gagner la cuisine, il l'y rejoignit, pieds nus et les yeux tout gonflés de sommeil.

— Mon fils, tu es malade ? s'alarma aussitôt madame Choukri.

— Non, mais il faut que je te dise quelque chose.

— T'as fait une bêtise, mon Malik ? s'étonna-t-elle.

— Je sais pas si c'est une bêtise...

Malik parla à sa mère des cours de piano. Seulement des cours de piano. Et celle-ci ne se mit pas en colère.

83

Elle marqua de l'étonnement, puis de l'intérêt pour Simon et Bella au sujet desquels elle le questionna longuement. Elle lui demanda enfin :

— Tu es heureux, mon fils ?

Malik accompagna son oui de son plus beau sourire.

Après la classe, c'est le cœur plus léger qu'il se rendit au domicile des Klein. Il savait que Simon avait encore cours au collège et qu'il pourrait parler à Bella en tête-à-tête. Il était désolé de ne pas tenir sa parole envers Simon, mais il ne pouvait pas faire autrement que de tout raconter à Bella.

— Ne t'affole pas ainsi ! lui dit-elle calmement sans perdre son sang-froid. Bon, ce n'était pas prévu au programme. Nous ne pouvions pas nous douter que Simon te ferait donner d'ores et déjà des cours de piano. J'avoue qu'il brûle les étapes, ce qui ne lui ressemble guère. Je pensais qu'il allait dans un premier temps se contenter du solfège. Mais c'est donc qu'il croit dur comme fer en toi. C'est merveilleux, tu sais !

— Qu'est-ce qu'on va faire, madame Bella ? demanda Malik.

— Il y a plusieurs solutions. Le tout est de savoir ce que toi, tu as envie de faire. Si tu ne veux pas apprendre à jouer du piano, il te suffit de le dire à Simon. Il sait parfaitement que ton rêve à toi c'est le violon. Et même s'il veut t'en dissuader par tous les moyens, cela ne veut pas dire que tu doives y renoncer. Tu peux également lui dire qu'en fait, tu ne te sens pas encore prêt pour apprendre à jouer d'un instrument, que tu préfères d'abord te consacrer au solfège, car cela te fait trop à la fois, tout simplement.

— Mais je peux pas lui dire ça. Il serait trop en colère, trop triste. Et pourquoi monsieur Simon veut pas que je joue du violon ?

— Oh ! ça, Malik, c'est une très longue histoire que je n'ai pas le temps de te raconter maintenant. Alors, que décide-t-on ?

Malik baissa la tête.

— C'est que j'ai bien aimé le piano, murmura-t-il de façon à peine audible.

— J'en étais sûre ! s'exclama Bella. Écoute, si tu préfères le piano au violon, cela ne pose aucun problème ! Clara comprendra. Elle était vraiment ravie que nous l'ayons choisie comme professeur, mais c'est une amie de longue date et elle ne nous en voudra pas d'abandonner son cours en faveur de celui de Sacha Brodowski.

— Oh, non ! madame Bella. Je veux pas du tout abandonner les cours de violon avec Clara ! Ce que j'aimerais, c'est essayer les deux, avant de choisir.

— Je crois que c'est une sage décision, mon petit !

C'est effectivement ce qu'il faut faire. Essayer les deux avant que de prendre toi, et toi seul, ta décision. Mais comment comptes-tu t'y prendre ? Le lundi et le jeudi, piano. Le mercredi, violon. Conservatoire le samedi, solfège avec Simon tous les soirs. Et tes devoirs et leçons dans tout ça ? Et tes loisirs ? À ton âge un garçon doit s'amuser avec ses copains, jouer au foot, faire du sport.

— Je m'en fiche de tout ça ! Je veux faire de la musique, moi. Et je suis prêt à travailler beaucoup, beaucoup. Et pour les cours au collège, ça ira. C'est pas très difficile et j'y arrive bien.

— Soit ! fit Bella en souriant, mais cela ne change en rien notre accord. Je ne voudrais pas que Simon sache pour l'instant que Clara te donne des cours de violon. Quant au reste, ne t'inquiète pas ! Je t'aiderai du mieux que je le pourrai. Et si tu as le moindre problème, n'hésite pas à venir me voir ! Maintenant, c'est l'heure du goûter. Alors, goûtons, veux-tu ?

Le ton de Bella était enjoué et ses yeux brillaient de plaisir. Elle était ravie de la tournure que prenaient les événements. La petite trahison de Simon la déculpabilisait de la sienne et elle se sentait soudain libérée d'un immense poids dont elle n'avait pas réussi à se débarrasser jusqu'alors.

11

Quand Simon rentra chez lui, il trouva Malik installé dans la cuisine en train de prendre son goûter avec Bella. Il en fut ravi mais n'en montra rien.
— Alors ? fit-il d'un ton bourru à l'intention de son élève, tu es prêt pour le cours ?
— Oui, m'sieur, répondit Malik en sortant de son cartable son cahier et son livre de solfège.
— Bien, dit Simon. Alors, ouvre ton livre à la page 9 et déchiffre-moi la première portée en clé de sol !
Malik, sans la moindre anicroche, déchiffra portée après portée.

Malik travaillait d'arrache-pied, s'appliquant à donner satisfaction à chacun de ses professeurs tout en soignant son travail scolaire et brûlant les étapes en matière de musique. Solfège, piano, violon, il allait de l'un à l'autre avec le même amour, la même passion, sans jamais rechigner à la tâche, sans ne jamais rien montrer de sa fatigue, recommençant inlassablement ses gammes et ses nombreux exercices. Ni Sacha, ni Clara, ni le professeur du conservatoire ne doutaient plus de son véritable talent. Quant à Simon, bien que très occupé par la préparation du spectacle, il suivait de manière extrêmement serrée les progrès de son petit protégé. Et il n'y avait pas plus fier que Simon ! Pourtant, il n'en laissait rien paraître. Jamais le moindre compliment, jamais la moindre flatterie.

— Tu pourrais lui dire quelque chose, tout de même ! lui reprochait souvent Bella, attristée de voir Malik chercher désespérément une once de satisfaction dans les yeux de son professeur.

— Ce n'est pas nécessaire. S'il ne joue que pour les applaudissements, il ne sera jamais un grand musicien. Il joue pour lui, avant tout.

— C'est vrai, disait Bella, mais un peu d'encouragement n'a jamais fait de mal à personne. Et il s'en donne tant, lui, du mal !

À la première occasion, Bella retourna à la cité, mais pour y rencontrer madame Choukri, cette fois.

— Mais je vous connais vous ! lui fit, en la croisant, la jeune Africaine rencontrée lors de sa première visite.

Bella sourit et lui demanda de bien vouloir l'accompagner jusqu'à l'appartement de madame Choukri.

— Elle m'attend, ajouta-t-elle aussitôt, pour éviter les questions de la jeune femme.

— C'est donc vous, madame Bella ! lui fit Leïla Choukri en la dévisageant avec attention. Mon Malik m'a parlé de vous et de votre mari.

Madame Choukri avait mis l'eau à chauffer pour le thé et une montagne de gâteaux faits maison fut aussitôt disposée sur la table.

— J'aurais besoin de votre aide, madame Choukri, lui dit Bella.

— De mon aide ? s'étonna celle-ci.

— En fait, il faut que je me confie à vous, ajouta Bella en baissant la voix.

— Ah ?! fit alors madame Choukri en s'asseyant à côté d'elle.

— Je ne sais pas si Malik vous a expliqué exactement la situation ? demanda-t-elle prudemment.

— Bien sûr, mon Malik, il me dit tout ! s'indigna aussitôt madame Choukri. Je sais que, grâce à vous, il apprend le piano. Il me l'a dit. C'est vrai que j'aurais dû venir voir tout ça et vous remercier. Mais avec tout le travail à la maison et les enfants, c'est pas facile de sortir.

Malik avait donc quelque peu déguisé la vérité et n'avait pas osé parler du violon, se dit Bella qui savait donc à quoi s'en tenir.

Madame Choukri alla alors fermer la porte de la cuisine et baissa le ton pour poursuivre :

— Je ne sais pas comment vous dire, madame, mais Malik était très malheureux. Et c'est ma faute. Enfin, celle de ma mère surtout. Elle ne voulait pas qu'il apprenne le violon. Alors, d'abord, je lui ai interdit aussi. Mais il en souffrait terriblement et j'en souffrais avec lui. C'est un brave gosse. Et ça me faisait si mal de le voir ainsi. Aussi, quand il m'a parlé l'autre jour du piano, je n'ai pas hésité, je me suis dit qu'après tout c'est pas comme le violon, le piano, c'est pas pareil. Avec le piano, il ne risque rien le petit. Et comme ça, il pourra faire de la musique sans désobéir à sa grand-mère. Ah, si vous saviez comme ça l'a rendu heureux !

Madame Choukri posa alors sa main sur le bras de Bella et baissa davantage le ton pour lui chuchoter :

— Est-ce qu'il vous a parlé de son rêve ?

Bella opina de la tête.

— Bien ! Quand il m'avait raconté à moi ce rêve-là, je m'étais mise en colère. Puis, j'ai réfléchi et je me suis dit que ce n'était pas juste, en fait, et que ce n'était pas en lui interdisant de faire de la musique qu'on hono- rerait convenablement la mémoire de mon père.

— Justement, madame Choukri ! l'interrompit Bella qui trouva l'occasion trop belle pour ne pas la saisir. Ne croyez-vous pas que c'est ce qu'il veut, Malik, respecter et honorer la mémoire de son grand-père ?

— Si, bien sûr...

— Alors pourquoi ne pas le laisser choisir entre le piano et le violon ?

— Mais...

— Ce n'est d'ailleurs pas dit qu'il choisira forcément le violon. Mais il est fort possible tout de même qu'il se tourne vers l'instrument dont jouait son grand-père. Toutefois, pour cela, il aurait besoin de votre accord...

Bella avait parlé posément, essayant de ne pas laisser transparaître son émotion. Elle attendait une réponse, le cœur battant.

Madame Choukri réfléchissait, les sourcils froncés. Son visage se dérida enfin, et elle déclara en souriant:

— J'espère juste que ma mère n'en saura rien !

Bella saisit le bras de madame Choukri. Elle voulait être sûre d'avoir bien compris.

— Vous seriez d'accord pour qu'il fasse du violon ?

Madame Choukri opina timidement de la tête, comme si cette décision était si téméraire qu'elle la dépassait.

— Puis-je vous demander une dernière chose ?

91

— Allez-y ! s'esclaffa madame Choukri. Au point où on en est !

— Malik aimerait tant récupérer le violon de son grand-père.

— Ne bougez pas ! Je reviens.

Quelques instants plus tard, madame Choukri revenait avec le précieux violon, emballé dans du papier journal.

— Plus personne n'y a touché depuis la nuit où il est mort.

Bouleversée par cette marque de confiance, Bella éprouva le besoin de se confier à cette femme qu'elle connaissait à peine.

Elle décida alors de tout lui avouer.

— Madame Choukri, lui dit-elle, il faut que je sois honnête et franche avec vous. Quand j'ai fait la connaissance de Malik, j'ai été tellement frappée par sa volonté d'apprendre à jouer du violon que j'ai immédiatement eu l'envie de l'aider. Et j'ai pris, seule, sans vous consulter, l'initiative de lui faire donner des cours par une amie violoniste. Je n'avais pas l'intention de le faire à votre insu. Et c'est pour vous en parler que je suis venue vous voir aujourd'hui. Je ne suis pas très fière de moi.

Bella rougit et se tut.

92

Madame Choukri sembla quelque peu étonnée par ce que venait de lui révéler Bella.

— Comment pourrais-je être fâchée alors que vous avez aidé mon petit à réaliser son rêve, hein ?

Bella poussa un gros soupir de soulagement.

— Je ne sais pas comment vous remercier, votre mari et vous, de vous occuper comme ça de mon gosse, poursuivit madame Choukri.

— Vous savez, nous n'avons jamais eu d'enfants, Simon et moi, répondit Bella en baissant la tête. On ne nous en a pas laissé la possibilité, malheureusement. Et je vous suis très reconnaissante de me permettre d'un peu m'occuper du vôtre.

Sa voix s'étrangla. Elle ne put poursuivre et se leva pour prendre congé.

Madame Choukri l'étreignit et l'embrassa avec chaleur.

Bella, sur le chemin du retour, se disait qu'elle n'avait plus aucune raison de regretter la décision qu'elle s'était permise de prendre toute seule, sans consulter Simon, ce qui ne lui était encore jamais arrivé. Et puis n'avait-il pas fait de même, de son côté ? Puisqu'elle avait l'accord et le soutien de sa maman, Malik apprendrait donc le violon, avec ou sans l'accord de Simon. Et cet accord, elle se faisait fort de finir par l'obtenir un jour. Simon était sur la bonne voie.

93

Ce n'était plus qu'une question de temps, maintenant. Et Malik allait être tellement heureux de pouvoir jouer sur le violon de son grand-père.

12

— Sylvie Dufau m'a remis un petit mot pour toi, dit Simon à Bella en lui tendant une enveloppe fermée tandis que Malik attendait son chocolat en se léchant les babines.
— Sylvie Dufau ? s'étonna Bella.
— Oui, tu sais, la jeune collègue dont je t'ai parlé.
Intriguée, Bella les laissa à leur goûter et s'éloigna pour prendre connaissance du contenu de la lettre.
« Madame, pourrais-je vous rencontrer demain après-midi chez vous ? Je termine à 15 heures et cela me ferait infiniment plaisir de pouvoir m'entretenir avec vous en tête-à-tête d'un sujet qui me tient à cœur », écrivait la jeune femme qui lui laissait également son numéro de téléphone.
C'est étrange, pensa Bella. Que me veut-elle ?
Simon, la tête toute à son spectacle, ne lui posa aucune question.

— Madame Klein, lui dit-elle le lendemain, quand elles furent toutes deux installées dans la jolie cuisine de Bella, ce dont je voulais vous parler est assez délicat et je ne sais pas trop comment m'y prendre. Aussi, j'aimerais surtout que vous ne m'en vouliez pas si je vous parais maladroite.

— Allez-y, mon petit ! l'encouragea Bella, en lui resservant une grosse part de gâteau au chocolat.

— Voilà. Je sais que vous êtes juifs, vous et monsieur Klein. Et d'après votre âge, j'en ai déduit que vous avez probablement vécu la Seconde Guerre mondiale.

— Ai-je l'air si vieille que ça ? fit Bella en souriant.

— Oh non ! Ce n'est pas du tout ce que je voulais dire ! s'excusa aussitôt la jeune femme.

— Je sais, je plaisantais, la rassura Bella. C'est exact. Nous sommes bien juifs, Simon et moi, et sommes effectivement des survivants de la Shoah[*]. Mais qu'est-ce que tout ça a à voir avec le spectacle de fin d'année ? fit-elle, étonnée, ne s'attendant pas du tout à ce genre de propos.

— Voilà, la Seconde Guerre mondiale tient une place assez importante dans nos programmes d'histoire. Mais cette époque semble vraiment très lointaine aux yeux de nos élèves. De plus, il s'avère que beaucoup

---

[*] *Shoah :* terme hébraïque utilisé pour désigner le génocide des six millions de juifs assassinés par les nazis et qui signifie « catastrophe ».

d'enfants des collèges ignorent totalement ce qui s'est passé durant cette période et je pense que ce phénomène s'accentuera au fil des ans. Alors, j'ai donc pensé organiser une sorte de conférence avec une projection d'un film qui serait suivie d'un débat avec les enfants, et...

Sylvie se tut. Gênée.

— Et ? insista Bella.

— Et des rescapés.

— Oh, mon Dieu ! s'exclama-t-elle. Mais vous n'y pensez pas ! Qui donc vous a suggéré cette idée ?

— Le principal, balbutia la pauvre Sylvie, rouge comme une pivoine. Quand je lui ai soumis mon projet, je n'avais bien évidemment pas du tout pensé à Simon dont je ne connaissais pas le passé. J'avais les coordonnées d'un ancien déporté qui se déplace dans les collèges pour raconter et témoigner de ce qu'il a vécu. C'est alors que le principal m'a suggéré de demander à Simon plutôt que de faire venir un inconnu. Il m'a dit que Simon Klein était tout choisi. D'abord parce que tous les élèves le connaissaient, ce qui donnerait une autre dimension au débat, et ensuite parce que cela lui ferait peut-être du bien d'en parler. C'est aussi sa dernière année d'enseignement, et...

— Mon pauvre petit ! lui dit Bella en lui prenant la main. Votre idée est certes pleine de bonnes intentions mais vous n'êtes pas tombée sur les bonnes personnes.

Jamais Simon n'acceptera de venir parler ainsi, publiquement, de ce qu'il a vécu. Déjà qu'il se refuse à laisser ces souvenirs effleurer sa mémoire. Même à moi, il a toujours refusé d'en parler. Moi qui ai pourtant vécu pratiquement la même chose que lui.

— Et vous, alors, accepteriez-vous de le faire ?

— Moi, toute seule ?

— Oui, vous ! Vous avez été déportée, n'est-ce pas ? fit alors Sylvie, les yeux fixés sur le numéro tatoué sur le bras de Bella dont la manche s'était légèrement relevée.

— Et que faudrait-il que je dise ? demanda Bella, les yeux écarquillés.

— Que vous racontiez la vérité, tout simplement. Que vous leur fassiez part de ce que vous avez vécu, et que vous répondiez aux questions que nous aurons préparées en classe.

— Je ne sais pas, répondit Bella, hésitante. Il faut que j'y réfléchisse et que j'en parle à Simon.

— C'est important Bella ! ajouta Sylvie, s'enhardissant peu à peu. Il leur faut de vrais témoignages, et ceux de gens qu'ils connaissent ou côtoient pèsent bien plus que n'importe quel film ou documentaire vu à la télé.

— Il faut vraiment que j'y réfléchisse, Sylvie. Laissez-moi quelques jours ! Vous me prenez trop au dépourvu, là. Je vous donnerai ma réponse après les vacances de Noël.

— Oh ! Bella, je voudrais tant que vous acceptiez ! Et peut-être que si vous acceptiez, Simon le ferait lui aussi ?

— Ne vous faites pas d'illusions, mon petit ! Simon refusera. À moins d'un miracle, il refusera.

Le soir même, après le cours de solfège de Malik, Simon demanda à Bella :

— Alors, de quoi avez-vous papoté, Sylvie et toi ?

Bella se sentit rougir. Mais comment savait-il que la jeune femme était venue ? Elle avait pris le soin de tout ranger derrière elle, de laver les tasses et les assiettes afin que Simon ne se doute même pas qu'elle avait eu de la visite. Simon sourit devant le désarroi de sa femme.

— Son parfum, ma chérie, dit-il l'air coquin. Une femme est toujours trahie par son parfum. Et celui de Sylvie est parfaitement reconnaissable. Il flotte en permanence dans la salle des profs. Alors, de quoi avez-vous papoté ? insista Simon.

— De choses et d'autres, répondit Bella en essayant de prendre un ton dégagé.

Simon sourit encore. Comme il l'aimait quand elle mentait ! Et comme elle mentait mal, sa Bella ! Il décida de la cuisiner davantage.

— Et pourquoi fallait-il alors que j'ignore sa visite si vous n'avez parlé que de choses et d'autres ?

99

Bella essayait de réfléchir. Elle détestait être harcelée de la sorte.

— Tu as mangé du lion en boîte, aujourd'hui ? lui demanda-t-elle, tandis que son cerveau tournait à toute allure pour trouver un prétexte plausible à la visite de la jeune femme.

— Pas que je sache, remarqua Simon, à moins que tu ne m'en aies glissé dans mon assiette sans que je m'en aperçoive.

— Tu veux vraiment savoir de quoi nous avons parlé, Sylvie et moi ? demanda alors Bella.

— Seulement si tu as envie d'en parler. Je ne t'y force pas. Après tout, tu as le droit d'avoir tes petits secrets, même si, en ce qui me concerne, je n'en ai aucun pour toi.

« Menteur », pensa Bella, outrée par tant d'aplomb.

— Tu as raison, Simon, tu as le droit de savoir. De toutes les façons, je comptais t'en parler pendant les vacances. Sylvie est venue me demander de témoigner au collège en tant que rescapée de la Shoah.

Simon blêmit.

— Et que lui as-tu répondu ? lui demanda-t-il.

— Que je devais y réfléchir et demander ton avis.

— Penses-tu que ce soit une bonne chose ?

— J'estime que c'est indispensable. Bientôt, il n'y aura plus personne pour le faire. Si tu n'y vois pas d'inconvénient, j'aimerais bien y aller.

100

Simon semblait écrasé soudain. Témoigner ! Comment Bella pouvait-elle avoir envie de témoigner, de raconter à des enfants l'indicible. Car ce qu'ils avaient vécu ne pouvait pas être raconté. Les mots n'existaient pas pour décrire la barbarie nazie, pour expliquer l'enfer des camps d'extermination comme Auschwitz. Il regarda donc Bella, incrédule et admiratif à la fois. Et si c'était elle qui avait raison ? S'il fallait passer par le témoignage, par les mots, pour se libérer. Et si ce témoignage pouvait l'aider, lui...

— Soit, fit-il d'une voix hésitante, nous irons.

Bella en eut le souffle coupé.

— *Nous* irons ? fit-elle pour s'assurer qu'elle avait bien entendu.

— Oui, *nous*. Tu ne penses tout de même pas que je vais te laisser y aller toute seule ? Moi aussi, j'ai des choses à raconter.

Bella s'inquiéta et scruta le visage de Simon pour comprendre cette réaction, à laquelle elle ne s'attendait pas.

— Écoute, Bella ! poursuivit Simon, d'un ton ferme. Même si je suis très occupé en ce moment, ce n'est pas pour autant que je ne me pose pas une foule de questions. Malik est une sorte de messager pour moi. Un envoyé, tu comprends ? C'est peut-être ridicule ce que je vais te dire, mais trop de choses se sont passées

101

depuis que ce gamin est entré dans ma vie. Je ne crois pas en Dieu, tu le sais, pourtant me voilà troublé. Cet enfant, en toute innocence, a créé une sorte de passerelle entre moi et ce fameux passé que je voulais taire à jamais et qui m'a gâché toute ma vie. Ma vie d'homme, de professeur et d'époux. Et j'ai gâché la tienne aussi, Bella. Je sais comme tu aurais voulu avoir un enfant. Nous aurions pu en adopter un, ou même plusieurs. Seulement, je n'ai pas voulu, trop occupé à me lamenter sur mon sort, comme tu dis. Et voilà que Malik, un petit garçon arabe, est arrivé dans la vie du vieux juif que je suis, et, avec lui, le souvenir des miens a refait surface. Et voilà que soudain je trouve la force d'affronter ce passé, et peut-être, de ce fait, d'arriver enfin à m'en détacher, à m'en libérer ! Alors, si mon témoignage peut être utile, je suis d'accord pour en parler aux élèves. Et nous en parlerons ensemble, toi et moi, côte à côte !

Bella n'en croyait pas ses oreilles. Quel changement brutal ! Quelle métamorphose ! Cet enfant était bien plus qu'un messager à ses yeux. C'était un ange ! Ah, il ne les avait pas volés, ses cours de violon et de piano. Bella se souvint alors de ce petit secret-là. Mais, si Simon avait changé, était-il prêt à apprendre que Malik prenait des cours de violon à son insu ? Non, il était encore trop tôt pour lui en parler. Tant que

Simon lui-même ne reprendrait pas son violon, Bella se tairait. Pourtant, elle avait tant de hâte à tout lui avouer. Surtout que Malik faisait de surprenants progrès et parvenait déjà à sortir de son instrument des sons assez mélodieux. Mais chaque chose en son temps, se disait Bella, prudente, tandis que Simon s'était replongé dans son travail. Et Bella le regarda travailler, son Simon, fiévreux, gommant par-ci, griffonnant par-là, fredonnant en marquant la mesure de son index.

— Écoute ça ! lui dit-il, au bout d'un moment d'intense labeur, et dis-moi ce que tu en penses !

Simon se mit alors à chanter en s'accompagnant au piano la première chanson entièrement terminée de sa comédie musicale. Et au fur et à mesure que Simon chantait, Bella sentait en elle naître un inextinguible fou rire.

— Mais, qu'est-ce qui te prend ? lui demanda Simon, voyant sa femme rouge comme une pivoine.

— Oh, Simon ! lui dit-elle en éclatant de rire. Mon amour de Simon ! Mais je me trompe ou c'est du rap, ta chanson ?

Simon gardait son sérieux.

— Tu n'y es pas du tout ma chère ! C'est du funk !

Sur ces mots, Simon explosa lui aussi et tous deux rirent à en pleurer.

— Que veux-tu ? lui dit Simon à peine calmé. J'avais essayé de faire plus classique. Les paroles, ce sont les élèves qui les ont écrites avec leur prof de français. Mais, quand je me suis mis au piano et que je leur ai pianoté l'air que j'avais en tête, ils étaient comme figés. C'était la catastrophe. Alors, l'un d'entre eux s'est levé et m'a dit : « Vous inquiétez pas m'sieur, on va arranger ça ! » Et en moins de deux, ils ont mis cet air-là à leur sauce à eux, en changeant juste le rythme. Et voilà le résultat ! Comment tu trouves ?
— Tout simplement génial !

13

Sylvie Dufau avait choisi un après-midi de la fin du premier trimestre pour le débat autour de la Seconde Guerre mondiale. Il fut décidé que tout le collège participerait à l'événement et le principal avait retenu à cet effet une des salles municipales. La jeune femme avait été bouleversée lorsque, le lendemain de sa visite à Bella, celle-ci l'avait rappelée pour lui annoncer que Simon acceptait de participer au débat.
— Organisez-le au plus vite, avant qu'il ne change d'avis ! lui avait-elle conseillé, prudente.

Un lourd silence succéda au film projeté. Puis Bella se leva et, d'une voix tremblante qui s'affermit et prit peu à peu de l'assurance, elle raconta aux enfants sa vie de fillette heureuse, avant la guerre, entre son père médecin, sa mère professeur à la Sorbonne, et son petit frère. Français, ils se croyaient à l'abri des mesures antijuives et, alors même que dans Paris circulaient les pires rumeurs quant au sort des juifs, nul ne s'inquiéta vraiment chez elle. Ils ne se sentaient pas concernés. Pourtant, cela ne les empêcha pas d'être convoqués eux aussi au commissariat de leur quartier pour faire apposer le tampon Juif sur leur carte d'identité, puis de porter l'étoile jaune sur leur poitrine. Arrêtés en 1943, ils passèrent quelques semaines à Drancy, où Bella, restée avec sa mère, perdit rapidement de vue son père et son petit frère qui disparurent un matin et qu'elle ne revit jamais plus. Plus tard, elle découvrit la date et le numéro du convoi qui les avait déportés vers Auschwitz, le camp d'extermination. Bella raconta la misère de Drancy et la déchéance physique. Puis elles furent déportées à leur tour. Dès leur arrivée à Auschwitz, elle fut séparée de sa mère qui était de santé fragile. La majorité des femmes et des enfants étaient envoyés directement à la chambre à gaz. Quant à elle, elle servit de cobaye aux médecins nazis pour leur différentes expériences. Elle survécut. Mutilée, torturée et stérile, mais elle survécut, sans trop comprendre comment. Elle avait treize ans lorsque le camp fut libéré. Elle ne pesait guère plus qu'une feuille d'automne et avait perdu toute sa famille.

Bella se rassit. Elle avait parlé sans s'interrompre d'une voix douce.

107

Puis, ce fut au tour de Simon. Il se leva et balaya l'assemblée de son regard bleu acier, de son regard des mauvais jours, celui des jours douloureux. Bella pressa sa main dans la sienne, en signe d'encouragement. Simon se racla la gorge pour s'éclaircir la voix.

— Moi, je suis né à Paris, dans le quartier de Ménil-montant où mes parents fraîchement débarqués de Pologne étaient ouvriers tailleurs à domicile. Comme beaucoup de juifs immigrés à cette époque-là, mes parents travaillaient beaucoup et nous, les gosses, nous passions le plus clair de notre temps dans la rue. Tel que vous me voyez là, vous ne pouvez certes pas vous imaginer quel petit voyou bagarreur j'étais ! Alors, pour me calmer et parce qu'elle avait toujours rêvé d'avoir un fils violoniste, ma mère se saigna pour m'offrir un violon et me prit un professeur particulier. J'avais huit ans et ce fut pour moi une révélation. Mon professeur était un vieux Russe ivrogne, génial et profondément antisémite. Je n'ai jamais su comment ma mère était arrivée à lui et pourquoi il m'avait accepté comme élève, moi, le petit juif morveux aux genoux écorchés, alors que je croisais chez lui des gamins richement vêtus qui me toisaient de haut. Le fait est qu'il se dévoua entièrement à m'enseigner son art et je ne le déçus point, année après année. Nous travaillions parfois très tard et, le soir du 15 juillet

1942, je m'étais endormi chez lui, sur le canapé de son salon. Quand je me suis réveillé, j'ai trouvé mon professeur écroulé sur la table de la cuisine. Pensant qu'une fois de plus il cuvait une de ses cuites, j'ai voulu sortir à pas feutrés pour rentrer chez moi. C'est alors qu'il me dit:

— Rrreste ici, *Kleine!* Pas la peine de rrrentrrrer chez toi. Parrrents parrrtis! Tous les juifs parrrtis!

— Partis où ? lui ai-je demandé incrédule.

— Pffft ! me fit-il en faisant un geste vague de la main.

— Ils n'ont pas pu partir sans moi! protestai-je en haussant les épaules.

— Si, arrrêtés ce matin et parrrtis avec police.

Il eut alors un geste qui me sauva probablement la vie. Avec une force et une souplesse que je ne lui soupçonnais pas, il fit un bond jusqu'à la porte qu'il ferma à double tour et dont il ôta la clé pour la glisser dans sa poche.

— Tu peux pas aller chez toi! Ils vont t'arrrêter aussi. Tu rrrestes ici, et moi, je vais rrretourrrner voirrr si parrrents peut-êtrrre rrrevenus, d'accorrrrd ? Tu n'ouvrrres à perrrsonne et tu fais pas de brrruit!

Quand il revint, il n'eut pas à parler. J'avais compris. Il me garda chez lui, caché le jour dans sa chambre pendant qu'il donnait ses cours. Et moi, le petit garçon turbulent, je devenais quasiment fou. Il avait décousu

109

mon étoile jaune de ma veste et, comme j'étais très blond aux yeux bleus, je ne retenais pas vraiment l'attention. Aussi, nous relâchâmes notre vigilance.

Je passai ainsi une année entière, chez lui, à jouer du violon et à me balader le reste du temps sans être le moins du monde inquiété dans un Paris en guerre et envahi par les Boches. Il m'arrivait même d'en croiser qui me souriaient et me passaient une main amicale dans les cheveux. Et à chaque fois, je faisais le vœu que cette main passée dans mes cheveux de petit juif s'infecte aussitôt et leur tombe du bras.

C'est pendant cette année-là que je fis mes plus gros progrès au violon. J'étais devenu un véritable petit virtuose, sans le savoir, bien sûr, car mon cher professeur ne me fit jamais le moindre compliment. Curieusement, ce fut un officier allemand qui, subjugué, s'écria : « Mais ce petit est un virtuose ! »

C'était à Auschwitz à mon arrivée, fin 1943.

J'avais commis une imprudence. Je n'avais pu résister à l'envie de retourner chez moi. Sans la moindre précaution, je passai devant la loge de la concierge qui plaqua son nez sur la vitre. Je montai tout doucement les marches qui menaient à l'appartement. L'étiquette portant notre nom avait été arrachée et remplacée par une autre. J'allais sonner quand la concierge m'a rattrapé et, me saisissant énergiquement par le bras, m'a fait dévaler les escaliers en sens inverse.

— Fiche le camp, m'a-t-elle craché au visage, tu n'as plus rien à faire ici ! Il n'y a plus personne ! Plus de juifs ! Et où tu l'as cachée ton étoile, voyou ?

C'était une femme grande et forte. Sa main formait un étau autour de mon bras. Je ne parvins pas à lui échapper. Elle m'entraîna dans sa loge où je fus cueilli, un peu plus tard par deux flics qui m'emmenèrent droit au commissariat, d'où je fus acheminé vers Drancy. Je ne sais par quel miracle mon professeur me retrouva là-bas. S'il ne réussit pas à me faire libérer malgré ses nombreuses vociférations devant les grillages du camp, il put au moins me faire remettre mon violon. Ce fut mon seul bagage pour Auschwitz. Arrivés là-bas, abrutis et épuisés par le plus infernal des voyages, nous fûmes jetés à quai comme des paquets de linge sale. Hommes, femmes, vieillards et enfants. Là, nous fûmes alignés et des soldats et des chiens nous passèrent en revue. Je tenais mon violon serré contre ma poitrine. Un officier, du bout d'une sorte de trique ou de cravache, me souleva le menton.

— Violoniste ? me fit-il en éclatant d'un rire sardo-nique.

— Oui. lui répondis-je en le regardant droit dans les yeux.

— Joue ! m'ordonna-t-il.

111

Et là, dans l'endroit le plus immonde de la terre, parmi des légions de morts vivants que j'apercevais au loin courbés dans leurs uniformes rayés, alors que des odeurs atroces s'échappaient en nuage par de gigantesques cheminées, je me mis à jouer.

Cela me sauva la vie. Hélas ! aurais-je dit il y a peu de temps encore. Je fus d'office désigné pour faire partie de l'orchestre d'Auschwitz qui, toute la journée, jouait sur la place centrale du camp, tandis que d'autres marchaient vers les chambres à gaz. C'était un privilège dont je me serais pourtant bien passé. En arrivant, je n'étais encore qu'un petit garçon. À la fin de cette première journée, j'étais déjà un vieil homme. Au début, quand je jouais, j'ouvrais les yeux et regardais autour de moi, tentant d'apercevoir un visage connu, un visage familier. Je remarquai que bien souvent un vieil homme se postait non loin de moi et m'adressait des signes discrets du bout de son calot. Il ne me semblait pas le connaître, mais l'homme insistait et insistait encore. Au bout de quelques jours de cet étrange manège, il réussit à s'approcher et m'interpella par mon nom.

— Simon, Simon ! me dit-il, c'est moi, papa.

Puis, il s'écroula. Un soldat l'avait vu et lui avait asséné un coup de crosse dans le dos.

— Continue à jouer ! fit une voix derrière moi dans

l'orchestre. Ferme les yeux, petit, et continue à jouer ! Je n'ai pas revu mon père, et j'ai joué, joué et joué encore, les yeux fermés jusqu'à la libération du camp. Mais je me suis alors juré que si je sortais vivant de cet enfer-là, plus jamais je ne toucherais à mon violon.

14

Le lendemain, Malik informa Bella qu'il abandonnait ses cours de violon. Nul ne parvint à le convaincre de changer d'avis. Ni sa mère, ni Bella, ni Clara, ni personne. Sa décision était prise, il deviendrait pianiste et non pas violoniste. Maintenant qu'il connaissait la raison pour laquelle monsieur Klein avait refusé de lui enseigner le violon, il n'était plus question pour lui de le lui demander, ni même de jouer à son insu. Malik rangea le violon de Baba à sa place et n'y toucha plus. Par contre, il continua à travailler sa musique avec acharnement et les progrès qu'il faisait au piano ravissaient Simon. Bella et Leïla furent bouleversées de cette décision. Bella surtout, qui avait l'impression d'avoir tout gâché. Ce n'était pas ce qu'elle avait escompté de ce témoignage. Elle en avait espéré tout le contraire. Que Simon s'en trouverait libéré et puisse enfin reprendre son violon. Bella ne se le pardonnait pas. Elle estimait avoir commis là une grossière erreur.

Les préparatifs de la fête au collège s'intensifiaient. Pratiquement toutes les classes y participaient. Certains jours, celui-ci ressemblait à une ruche et son essaim d'abeilles actives.

Les parents, dont beaucoup avaient été réticents au début et longs à se manifester, finirent enfin par proposer timidement leur aide. Simon avait surtout besoin de couturières et ce fut Bella qui parvint à réunir quelques bonnes volontés dans la cité, grâce à l'intervention de Leïla Choukri qui avait mobilisé ses voisines. Mais les répétitions prenaient du retard. Les élèves, avec l'arrivée du printemps, se dissipèrent dans la nature, négligeant les séances des mercredis après-midi et samedis.

Simon avait d'immenses moments de découragement. Bella avait bien du mal à le soutenir et lui redonner le moral. Il fallut revoir à la baisse les ambitions du début. Supprimer des scènes et des chansons. Mais, malgré tout, Simon s'accrochait et continuait à y croire, aidé par le principal et tous les collègues qui s'étaient portés volontaires pour participer à l'aventure. Et les quolibets de Gaillot, et l'indifférence des autres n'entachèrent pas leur enthousiasme. Ils en

115

viendraient à bout, de ce projet, car jamais le collège n'en avait eu de tel. Ni ce collège-là, ni aucun autre de la région. Et au fur et à mesure que les choses avançaient, le principal n'économisait pas de son énergie pour gonfler le moral des troupes lorsqu'il le fallait. Il s'occupa de toute la communication autour de l'événement, en informa la presse, la radio et la télévision locales. Celles-ci, à force d'appels, finirent par s'y intéresser et en parlèrent.

Ce fut à partir de ce moment-là que les choses décollèrent et que les aides se manifestèrent de manière bien plus ouverte. Même les enfants, fiers de figurer dans les colonnes des journaux, prirent leur rôle bien plus au sérieux qu'auparavant. Les talents de toutes sortes se révélèrent. La conception et la fabrication des décors encore en cours de réalisation avaient d'ailleurs vu éclore des dons insoupçonnés chez de nombreux élèves qui en furent les premiers étonnés. D'autres découvrirent la palette des plaisirs infinis que peut procurer l'écriture. Les textes du spectacle en furent ciselés et il est fort probable que plus d'un élève rêvèrent en secret de devenir écrivain, parolier, compositeur, décorateur. Autant de vocations qu'ils portaient en eux sans le savoir, pour la plupart. Simon croyait ferme à son projet, à présent. Ils seraient prêts en temps et en heure.

Bien sûr, il ne monterait pas un spectacle aussi important qu'il l'aurait voulu, mais il pourrait être largement satisfait de ce qu'il avait réussi à faire malgré les obstacles et les difficultés.

Même s'il était très occupé à l'élaboration du spectacle, Simon n'en négligeait pas pour autant Malik. Il continuait à lui enseigner le solfège et assistait le plus souvent possible aux cours que lui donnait Sacha. Celui-ci lui avait d'ailleurs demandé de passer le voir. Il voulait lui parler du gamin.

— Écoute, Simon, lui dit-il, alors qu'ils étaient confortablement installés dans le salon, sirotant un verre de vodka, nous sommes amis, tous les deux, de vieux amis, même. Alors, tu vas m'écouter te parler en ami.

— Vas-y, l'encouragea Simon, s'attendant plus ou moins à ce que Sacha allait lui dire.

— Tu avais raison, en ce qui concerne Malik. Cet enfant possède un talent rare en matière de musique. C'est un passionné et il fera sans nul doute un très bon pianiste.

— Très bon, seulement ? s'étonna Simon. Je le croyais exceptionnellement doué...

— Oui, mais il ne suffit pas d'être doué, Simon, tu le sais, ça. Il faut également de la passion. Et ce n'est pas dans le piano que se trouve sa passion. Il m'a tout raconté, son rêve, son grand-père, son désir d'apprendre le violon, l'opposition de sa famille, ton refus... Il perd un temps précieux, Simon. L'étude du violon est longue et difficile, et il y viendra de toutes les manières, tôt ou tard, que tu le veuilles ou non.

Simon se leva et se mit à faire les cent pas, les mains derrière le dos, avec cet air buté qu'il prenait quand il était contrarié.

— Soit, Sacha, je vais y réfléchir. Merci pour ta franchise, lui dit-il en lui serrant la main.

Il rentra chez lui en traînant quelque peu. Il avait besoin d'être seul. La soirée était douce et l'air portait en lui de suaves senteurs de fleurs et d'herbes fraîchement coupées. Il réfléchissait tout en marchant et des sentiments contradictoires se bousculaient dans sa tête. Il se sentait oppressé, malheureux. Pourtant, depuis cette fameuse intervention au collège et ses confidences, il s'était senti tellement bien, tellement mieux. De plus, il lui avait semblé que Malik appréciait vraiment ses cours de piano. Il s'était donc trompé ? En arrivant en vue de la maison, Simon avait pris sa décision ; le moment était venu pour lui d'accepter l'avis que tous semblaient partager et qu'il partageait avec eux, même si, jusqu'à présent, il avait toujours refusé de l'admettre. Et Simon savait pertinemment que Malik ne serait un grand musicien que s'il s'en tenait à son rêve.

Il fallait donc s'y résoudre, aussi difficile et douloureux que ce fût pour lui.

Et ce fut donc un Simon soudain animé d'une excitation fébrile que Bella vit débouler à la maison, ce soir-là. Il prit à peine le temps de se déchausser et d'enlever son manteau, et monta directement à l'étage où se trouvait leur chambre. Bella, inquiète, le suivit.

Quelle ne fut pas sa stupeur en voyant Simon ouvrir le dernier tiroir de la grande commode de merisier et en extraire avec mille précautions l'étui contenant son violon. Le violon offert par sa mère plus d'un demi-siècle auparavant. Simon s'effondra pratiquement sur le lit, son étui sur les genoux. Puis il souleva tout doucement le couvercle. Les gonds grincèrent légère-ment. Et le violon parut, à peine poussiéreux, reposant dans son écrin de feutrine rouge usée. Simon en caressa le bois précieux vieilli et tailladé çà et là de profondes griffures, résultat de ses errances tragiques, il saisit l'archet et positionna son violon. Il resta ainsi un long moment, immobile, les yeux fermés.

Il reposa l'instrument dans son étui, le replaça dans le tiroir et remit au lendemain l'étape suivante.

119

Le plus dur venait d'être fait. Le reste suivrait naturellement, espéra-t-il. Car jamais avant de rencontrer Malik et surtout de participer à ce débat avec les enfants du collège, il n'aurait pu avoir ce geste-là, ce geste pourtant si simple de sortir son violon de son étui, d'en reprendre possession après une si longue et douloureuse séparation.

Quand Simon rejoignit Bella, il ne remarqua pas ses yeux rougis.

— Malik va apprendre le violon, lui annonça-t-il d'une voix qu'il voulait ferme.

— Ah ! ne put que répondre Bella, bouleversée.

— Ça n'a pas vraiment l'air de te faire plaisir ! C'est pourtant ce que tu voulais, non ?

— Oui, oui ! Bien sûr ! Mais tu sais, Malik n'y tient plus...

— Dans un premier temps, je le confierai à Clara, répondit-il, sans tenir compte de ce que Bella venait de lui dire. Je ne pourrais pas lui trouver de meilleur professeur particulier. Qu'en penses-tu ?

Bella s'approcha de Simon et, debout face à lui, lui prit les deux mains dans les siennes.

Puis elle éclata en sanglots.

— Bella, ma Bella, lui murmura Simon à l'oreille. Ne pleure pas, je t'en prie. Ne pleure plus, il nous faut rattraper ensemble tant de choses, tant de temps. Nous ne comblerons jamais ce vide immense laissé par les nôtres. Mais il nous faut vivre, à présent, il nous faut enfin vivre. Et mon premier devoir envers la vie, c'est d'aider Malik à réaliser son rêve. Et si je veux l'aider, il faut bien que je m'y remette, au violon ! Alors, voilà !

— Simon, il faut que je te dise quelque chose...

— Non, ne dis rien surtout, Bella ! Tu avais entièrement raison, sur toute la ligne, mais laisse-moi agir, mainte-nant ! Je n'ai que trop perdu de temps et je me sens tellement coupable envers Malik.

Bella se tut. Elle ne savait plus si elle devait rire ou pleurer, parler ou se taire. N'était-ce pas le moment d'avouer à Simon ce secret qui commençait à lui peser vraiment trop ?

— Quand comptes-tu lui annoncer la nouvelle ? se contenta-t-elle de demander.

— Dès ce soir. Il ne devrait plus tarder, d'ailleurs.

Bella s'affola. Tout allait trop vite.

— Peut-être qu'il vaudrait mieux attendre un peu, non ? proposa-t-elle. Je pourrais inviter Malik et sa mère à déjeuner et nous leur annoncerions la nouvelle en douceur.

Mais Bella ne se faisait pas d'illusion. Quand Simon avait une idée en tête, il n'était guère aisé de le faire revenir sur sa décision.

Malik avait une ponctualité d'horloge suisse.

— Assieds-toi, Malik ! lui intima Simon aussitôt. Je voudrais te parler, d'homme à homme.

— Je vous laisse, fit alors Bella en se retirant dans la cuisine, estimant qu'elle serait de trop.

Simon hésita. Il cherchait ses mots.

— Voilà, Malik. Je suis allé voir Sacha et nous avons parlé de toi.

Malik s'affola, craignant que Sacha ne soit plaint de son manque de motivation.

— Et il vous a dit quoi ? demanda-t-il d'une petite voix inquiète.

— Il m'a dit que tu as assez perdu de temps comme ça et qu'il estime que tu dois te mettre au violon le plus rapidement possible, voilà.

Malik blêmit sous le choc. Il ferma les yeux et sentit comme un tourbillon le traverser. *Violon*, avait dit Simon. Ce violon auquel il avait eu tant de peine à renoncer. Se pouvait-il qu'il puisse en jouer enfin, librement ?

— Et vous êtes très en colère ? demanda-t-il alors d'une toute petite voix.

— Non, répondit Simon. Je pense qu'il a raison.

Malik baissa les yeux.

— Écoute, Malik, lui dit Simon d'une voix douce. Je me suis trompé, comprends-tu ? J'ai été le seul artisan de mon malheur. Et il est grand temps que ça cesse. Et franchement, Malik, la chose qui me rendrait aujourd'hui le plus heureux des hommes serait que tu acceptes d'apprendre le violon. Mon père disait toujours que c'est en regardant en soi-même que l'on trouve la vérité. C'est ce que j'ai enfin fait. J'ai regardé en moi-même et je l'ai trouvée, la vérité. Et cette vérité ne me disait qu'une chose. Sais-tu laquelle ?

Malik secoua la tête en signe d'ignorance.

— Qu'il faut que tu joues du violon, parce que tu en as le talent et l'envie farouche.

Simon se moucha profondément puis poursuivit :

— Et puis, tu n'as plus aucune raison de refuser, à présent, puisque moi aussi, j'ai décidé de m'y remettre.

Malik plaqua alors un énorme baiser sur la joue un peu piquante de Simon puis il se jeta dans les bras de Bella qui arrivait.

— Je vais appeler Clara, dit alors Simon. C'est une amie de Bella et un excellent professeur de violon. Je suis sûr que tu vas l'adorer.

La panique qui s'inscrivit alors sur les visages de Bella et Malik échappa totalement à Simon qui se dirigeait vers le téléphone.

— Attends ! lui lança Bella en reprenant ses esprits. Clara n'est pas là. Elle est partie ce matin, en cure, pour une dizaine de jours. Tu l'appelleras à son retour. Simon parut contrarié.

— Enfin, Simon, Malik n'en est plus à quelques jours près ! N'est-ce pas, Malik ? lança Bella.

— Nnnon, fit Malik complètement perturbé par la situation. Pas du tout, fit-il en se rapprochant de Bella qui le serra contre son cœur.

15

Il fallut plusieurs jours à Simon pour parvenir à extraire à nouveau son violon et son archet de leur écrin. Puis, beaucoup d'autres encore pour retrouver les gestes, la position des mains, du menton et du corps. Puis, enfin, les premiers sons s'échappèrent en sanglots. Il avait pris l'habitude de s'enfermer là-haut, seul, dans leur chambre et restait ainsi des heures sans que Bella ne sache ce qu'il faisait. Ainsi, quand lui parvinrent un soir les premières notes, elle laissa sans retenue les larmes glisser le long de son visage en retenant son souffle.

Malik avait donc fait ses adieux à Sacha, pour se consacrer entièrement aux leçons de violon que lui prodiguait Clara. Celle-ci avait été très amusée par la tournure des événements et avait joué le jeu quand Simon l'avait appelée pour lui parler de Malik.

S'il prenait un immense plaisir à chacun de ses cours, il se disait qu'il ne serait véritablement heureux que lorsque Simon en personne lui enseignerait le violon. Il s'en confia à Bella.

— Il te faudra être très patient avec lui, Malik, lui expliqua-t-elle. C'est déjà miraculeux d'en être arrivé là. Et ça fait si longtemps qu'il n'avait plus joué.

— Je voudrais tant l'entendre jouer ! Quand est-ce qu'il jouera pour moi, Bella ?

— Quand le moment sera venu. Chaque chose en son temps. Pour l'instant, il ne joue pas vraiment. Il se réconcilie avec son violon. Il l'apprivoise à nouveau. Mais il n'arrive pas encore à jouer un morceau entier. Et pour le moment, il ne doit guère mieux jouer que toi. Surtout que chacun des morceaux qu'il connaît par cœur évoque pour lui des souvenirs tragiques. Et à chaque fois lui remontent en mémoire ces horribles images dont il n'arrive pas encore à se défaire, même s'il va beaucoup mieux, même s'il fait chaque jour des progrès.

— Mais pourquoi il ne veut même pas m'écouter jouer, moi ?

— Parce que, pour l'instant, il croit que tu n'en es qu'au tout début. Nous lui dirons plus tard que tu as déjà pris des cours avec Clara, pas maintenant, c'est trop tôt. Tu es d'accord, Malik ? Il n'est pas nécessaire qu'il le sache pour l'instant. Laissons-le d'abord se réconcilier avec son violon. Ce qu'il souhaite plus que tout au monde c'est de devenir ton professeur. Mais pour cela, il faut qu'il se remette à niveau. Et pour ta maman, Malik, as-tu déjà joué ?

— Non. Je ne peux pas jouer à la maison. Tout le monde saurait.

— Et quand est-ce que vous comptez l'annoncer à ton père, tes frères et sœurs, et ta grand-mère surtout ?

— On va leur faire la surprise. Ma mère attend l'anniversaire de Lalla. Il y aura toute la famille réunie. On fera une grande fête et moi je jouerai.

— Oui mais d'abord, je vais proposer à ta mère de passer prendre le thé et tu pourras jouer pour elle toute seule, Malik. Je pense qu'elle mérite largement d'être la première à t'écouter, non ?

Le jour dit, Leïla Choukri écouta son fils, les yeux écarquillés, les deux mains posées sur son cœur, et son regard allait de Malik à Bella et de Bella à Malik. Quand Malik eut terminé et qu'il eut rangé son violon dans son étui, Leïla l'étreignit de toutes ses forces contre sa poitrine et le couvrit de baisers mêlés de larmes de bonheur.

— Si seulement ton grand-père avait pu t'entendre, mon fils. Comme il aurait été fier de toi ! s'exclama-t-elle en soupirant.

Puis, se tournant vers Bella, elle ajouta :

— Je ne sais vraiment pas comment vous remercier pour tout, Bella.

— Alors ne me remerciez pas, lui répondit celle-ci en riant. Ce serait même à moi de vous remercier. Si Simon n'avait pas rencontré Malik, jamais il n'aurait retrouvé ce goût à la vie, et surtout son désir de reprendre son violon. Mais sauvez-vous, maintenant ! Simon ne va pas tarder.

Tout au long de la route, Leïla, éperdue d'admiration et de fierté, tint serrée dans la sienne la main de son petit garçon.

Au collège, les répétitions allaient bon train et donnaient à présent entière satisfaction à Simon. Depuis le fameux débat où il avait dévoilé avec tant de pudeur et d'émotion ce qu'il avait vécu pendant la Seconde Guerre mondiale, les élèves éprouvaient pour lui un énorme respect. Tous ne cherchaient qu'à le satisfaire et Simon allait désormais de classe en classe, de la sixième à la troisième, en sifflotant de bonheur. Un calme religieux l'attendait dans chacune d'elle et Simon en venait à regretter que ce fût sa dernière année d'enseignement.

Les élèves de troisième, pour cause de brevet, n'avaient pas pleinement participé à la préparation du spectacle

128

et aucun n'avait donc de rôle. Le principal ne l'avait pas souhaité. Pourtant, plusieurs se portèrent volontaires pour effectuer de menus travaux. Simon accepta. Ainsi, ils purent rendre une foule de précieux services tout en savourant le plaisir de participer à la réussite de cet événement, que nul n'aurait imaginé possible quelques mois plus tôt. Même Mouloud, le grand frère de Malik, proposa son aide. C'est en se frottant les mains de satisfaction que le principal avisa Simon et ses collègues que l'inspecteur d'académie avait répondu présent à l'invitation qu'il lui avait fait parvenir et que la mairie mettait gracieusement une salle de cinéma à leur disposition.

L'excitation gagnait tout le monde. Même ceux qui avaient boudé le projet avaient annoncé qu'ils assiste-raient à la représentation. Hormis Gaillot, évidem-ment. Quant à Simon, il ne savait plus où donner de la tête. Il passait de ses cours de musique aux répétitions, de ses répétitions aux cours de Malik, des cours de Malik à son violon, et tout cela avec une jubilation intense qui effrayait parfois Bella. Celle-ci s'inquiétait réellement pour la santé de son mari. Cela faisait tant de bouleversements à la fois qu'elle craignait que Simon en tombe malade. Mais Simon avait l'impression que le sang qui lui coulait désormais dans les veines avait à peine vingt ans. Et quand, chaque soir, Simon retrouvait son violon, il n'avait plus que dix ans et il jouait pour elle, Faigélé, sa maman, dont le prénom voulait dire « petit oiseau ». Il ne jouait plus que pour elle, la revoyant pâle et souriante dans leur petit appartement de Ménilmontant, tandis que des odeurs d'antan lui remontaient aux narines. Odeurs de tissu, de fil et de craie de tailleur mêlées aux odeurs de cuisine. Il se souvint alors qu'à Auschwitz, malgré l'horreur, les oiseaux ne cessaient pas de chanter pour autant. Et souvent, pour se donner du courage et la force de tenir et de continuer, il avait imaginé que sa mère était là, parmi eux, à pépier pour lui, à veiller sur lui. Il avait oublié ce souvenir-là, parce qu'il l'avait enfoui avec les autres et avait toujours refusé de s'en rappeler. Mais un matin, un moineau se posa sur le rebord de la fenêtre de leur chambre. Simon était seul. Bella était descendue préparer le petit déjeuner. Et l'oiseau pépiait, pépiait en regardant Simon.

Simon regarda l'oiseau, assis sur son lit, sans bouger. Puis il se leva, se dirigea vers la commode d'où il sortit son violon. L'oiseau était toujours là et continuait à pépier joyeusement. Alors, Simon se mit à jouer un très vieil air yiddish, un air que connaissent toutes les mamans juives du monde. Il ne l'avait plus jamais joué depuis le jour où ses parents avaient été arrêtés. L'oiseau ne bougea pas. Et Bella, dans sa cuisine,

130

se mit à pleurer à chaudes larmes car quiconque entend cet air-là se met à pleurer.

16

Le matin du grand jour se leva, enfin. Simon, qui n'avait pas dormi de la nuit, se sentait comme paralysé, incapable de sortir de son lit, incapable de poser les pieds par terre. Il resta un long moment allongé sur le dos, essayant de calmer les battements désordonnés de son cœur, quand son attention fut attirée vers le rebord de la fenêtre où venait de se poser le petit oiseau.

— Ah, te voilà enfin ! lui lança-t-il d'un ton soudain serein. Je t'attendais, moi !

Et le petit oiseau enfouit sa tête dans son plumage.

— Je te pardonne, lui dit Simon, je suis si content que tu sois venu ! Souhaite-moi, bonne chance, Faigélé !

Et l'oiseau lança plusieurs notes en vrille qui déchirèrent l'aube rosée.

— Et voilà que tu parles aux oiseaux ! lui fit Bella d'une voix chargée de sommeil.

— Dors, mon amour ! lui dit tendrement Simon. Il est encore tôt.

Chez Malik, Leïla s'était, elle aussi, réveillée avec le soleil. C'était un grand jour pour elle et surtout pour son petit garçon qui dormait encore. Quand il avait joué du violon devant toute la famille réunie à l'occasion de l'anniversaire de Lalla, tous les yeux s'étaient braqués sur la vieille dame, imposante comme une reine qui règne sur sa tribu. Et Malik avait joué, les yeux fermés, de tête, une musique arabe dont Clara avait eu un mal fou à dénicher la partition. Leïla pleurait. Peu lui importait la colère de sa mère, peu lui importait désormais la colère des siens. Et si ça ne leur plaisait pas, eh bien, tant pis pour eux ! Ce qu'elle avait fait, elle l'avait fait pour son fils et en souvenir de son père musicien qu'elle vénérait et qui était parti si tôt avec sa musique qui emplissait encore la maison et ses souvenirs d'enfance. Et voilà qu'elle la retrouvait, cette musique, plus cristalline encore, plus divine même. Parce qu'il y avait peut-être de la main d'Allah dans cette musique-là et de la main du dieu des juifs aussi, qui avait mis Simon Klein sur leur chemin de vie.

Quand Malik eut terminé, un silence profond plana sur la pièce. Le petit était planté là, tenant son violon d'une main, son archet de l'autre et, guettant un signe des siens. Alors, la grand-mère, d'une main rougie par le henné, fit signe à son petit-fils de s'approcher d'elle. Il n'y avait aucune expression de colère dans son regard voilé. Elle prit Malik entre ses bras et lui murmura à l'oreille quelques mots en arabe avant de l'embrasser à plusieurs reprises. Et les applaudissements et les youyous fusèrent alors en même temps que les questions, les rires et les félicitations. Dommage que Simon et Bella ne soient pas là pour voir ça, avait pensé Leïla.

Et voilà qu'un autre grand jour était arrivé. Leïla, seule dans sa cuisine, dégustait son thé brûlant à toutes petites gorgées. Elle aimait cette heure matinale où tous dormaient encore, un de ses rares moments de solitude et de silence. Bientôt, il serait l'heure de réveiller tout le monde et de servir le petit déjeuner.

Simon, ne tenant pas en place, avait fini par se lever et était descendu dans la cuisine avec son violon pour ne pas déranger Bella qui dormait encore. Mais celle-ci, qui ne supportait pas de rester au lit alors que Simon n'y était plus, enfila sa robe de chambre et le rejoignit. C'est donc au petit matin qu'ils prirent tous deux leur petit déjeuner sur la terrasse, face au cerisier en fleurs. Simon se rendit ensuite à la salle où il passa le restant de la journée dans un état second, épuisé et mort de trac. Le principal, de connivence avec les élèves et les autres enseignants, avait fait promettre à Simon qu'il resterait assis, à sa place, dans la salle, au lever du rideau. Simon dut promettre, il lui devait bien ça.

Les spectateurs faisaient déjà la queue à l'extérieur. Le principal et le chef d'académie arrivèrent ensemble accompagnés de leurs épouses. Vinrent ensuite le maire, le maire adjoint et leurs dames, et tout ce petit monde s'installa au premier rang après avoir salué Simon et Bella.

Quand le rideau se leva après les trois coups rituels, Simon transpirait à grosses gouttes tout en serrant très fort dans la sienne la main de Bella. La première partie du spectacle se déroula sans la moindre anicroche et Bella sentit la main de Simon se décrisper sous la sienne. Lorsque le rideau retomba pour l'entracte, toute la salle se leva en une immense ovation. Simon se précipita vers les coulisses où il fut aussitôt entouré par l'ensemble des jeunes acteurs en herbe qu'il félicita un à un. C'est tout à fait serein et détendu qu'il s'installa pour la deuxième partie du spectacle dont la réussite dépassait toutes ses espérances. Simon était si heureux. Sans doute plus heureux qu'il ne l'avait jamais été. Les lumières s'éteignirent, le silence s'installa peu à peu et le spectacle reprit de plus belle. On allait aborder le finale, quand Simon eut soudain

135

l'impression que quelque chose d'anormal était en train de se passer.

— Mais qu'est-ce qu'ils fichent ? demanda-t-il angoissé à Bella.

Simon avait effectivement toutes les raisons de s'inquiéter. Le rideau ne se levait toujours pas sur le finale. Il voulut se précipiter dans les coulisses mais Bella l'en empêcha.

— Calme-toi et écoute ! lui dit-elle.

De derrière le rideau toujours clos retentit alors une mélodie jouée au violon. Une mélodie qui lui rappelait certes quelque chose mais que le violoniste, visiblement débutant, écorchait un peu. Alors, le rideau se leva. Et cette mélodie, Simon la reconnut. C'était une vieille mélodie juive. L'émotion suspendue au-dessus de la salle était presque palpable tant cette musique semblait douloureuse. Chacun retenait son souffle. Et ce fut Malik que Simon découvrit. Malik en train de jouer au violon, avec la maladresse d'un musicien débutant, ce vieil air juif que Bella avait demandé à Clara de lui apprendre à jouer. Et tandis qu'il essayait de comprendre ce qui était en train de se passer, Mouloud s'approcha de lui et lui tendit son propre violon que Bella lui avait confié dans l'après-midi. Simon, les jambes tremblantes, se leva. Sur la scène, Malik continuait à jouer en le regardant.

Alors, Simon ouvrit l'écrin, en sortit son violon, qu'il ajusta. Puis il posa son menton sur la mentonnière et, d'un archet tremblant et tout aussi mal assuré, rejoignit Malik. Bientôt, les mélodies se mêlèrent et ne firent plus qu'une, le vieil homme et l'enfant jouèrent de concert et côte à côte. Dans la salle, l'émotion était à son comble. Car tous connaissaient à présent l'histoire de la rencontre de ce vieux professeur de musique juif et du petit garçon musulman.

TABLE DES CHAPITRES

Chapitre	1.	*La rentrée des classes*	7
—	2.	*Le dernier Choukri*	13
—	3.	*Un jeudi d'octobre*	23
—	4.	*L'invitation*	31
—	5.	*Le rêve*	39
—	6.	*La visite de Baba*	46
—	7.	*L'affrontement*	53
—	8.	*Le projet*	63
—	9.	*Les plans de Bella*	73
—	10.	*Coup de théâtre*	80
—	11.	*Confidences*	87
—	12.	*Le rendez-vous*	95
—	13.	*Quand Bella et Simon racontent l'Histoire*	106
—	14.	*Le violon de Simon*	114
—	15.	*Les retrouvailles*	125
—	16.	*Le grand jour*	132

COMME LA VIE
JUNIOR / DÈS 10 ANS

Claude Carré
LES MILLE ET DEUX NUITS

Jean-François Chabas
LA DEUXIÈME NAISSANCE
DE KEITA TELLI
TRÈFLE D'OR
LES FRONTIÈRES
LES HERMINES

Hervé Debry
LETTRES À QUI VOUS SAVEZ

Yaël Hassan
UN GRAND-PÈRE TOMBÉ DU CIEL
Prix du Roman jeunesse 1996
Prix Sorcières 1998
Grand Prix des jeunes lecteurs de la PEEP 1998
Prix de la première œuvre, CDDP de la Marne 1999
Prix Mange-Livres de Carpentras 1999
QUAND ANNA RIAIT
Prix des écoliers de Rillieux-la-Pape 2001
Prix Tatoulu 2001
Prix du roman de Mantes-la-Jolie 2001
Prix de la ville de Lavelanet 2001
MANON ET MAMINA
Prix du Livre jeunesse de La Garde 2000
Prix Chronos Suisse 2000
LE PROFESSEUR DE MUSIQUE
Prix Chronos Suisse 2001
Prix Saint-Exupéry 2001
Prix Chronos de littérature pour la jeunesse 2002
UN JOUR, UN JULES M'AIMERA
Prix Julie des lectrices 2002
Prix Salon du livre de Beaugency 2002
LETTRES À DOLLY
DE L'AUTRE CÔTÉ DU MUR

Felice Holman
LE ROBINSON DU MÉTRO
Prix Lewis Carroll 1978

Sylvaine Jaoui
JULIA SE TROUVE TROP GROSSE
JE VEUX CHANGER DE SŒUR !

Rose-Claire Labalestra
LE CHANT DE L'HIRONDELLE
Prix du Roman jeunesse 1999
Prix Chonos suisse 2002
Prix Échappée Livres, Annecy 2002

Roland Lamarre
UN SCÉNARIO BÉTON
LE STOPPEUR

Claire Mazard
MAMAN, LES P'TITS BATEAUX
Prix Tatoulu 2000
Coup de cœur au Prix Ado, Rennes 2000

Aline Méchin
DANS LA PEAU D'UNE FILLE

Joseph Périgot
GOSSE DE RICHE !
TROP AMOUREUX !

Sandrine Pernusch
UNE ANNÉE TOURBILLON

Annika Thor
LE JEU DE LA VÉRITÉ
Prix August de littérature de jeunesse, Stockholm

Jean-Louis Viot
LES CENT MILLE BRIQUES

Colette Vivier
LA MAISON DES PETITS BONHEURS
LA PORTE OUVERTE
LA MAISON DES QUATRE-VENTS